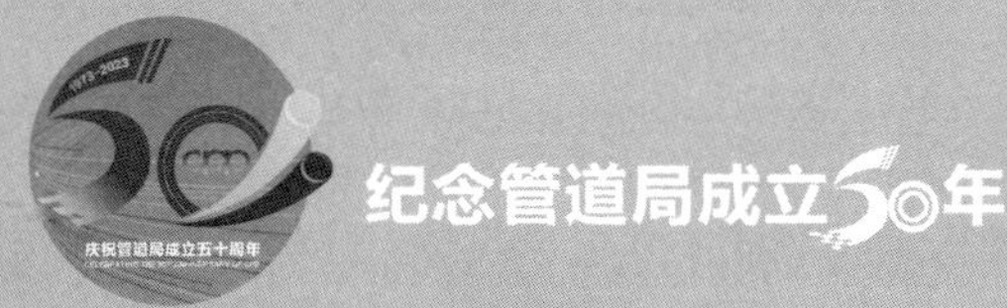

《“八三”精神 管道根脉》编写组 编著

石油工業出版社

图书在版编目（CIP）数据

“八三”精神　管道根脉：纪念管道局成立50年 /《“八三”精神　管道根脉》编写组编著. —北京：石油工业出版社，2023. 4

ISBN 978-7-5183-5923-3

Ⅰ. ①八…　Ⅱ. ①八…　Ⅲ. ①石油管道－工业企业－企业文化－史料－中国　Ⅳ. ①F426.22

中国国家版本馆 CIP 数据核字（2023）第 037860 号

“八三”精神　管道根脉：纪念管道局成立 50 年

《“八三”精神　管道根脉》编写组　编著

出版发行：石油工业出版社

（北京市朝阳区安华里二区 1 号楼 100011）

网　　址：www.petropub.com

编 辑 部：(010) 64523631　图书营销中心：(010) 64523633

印　　刷：北京中石油彩色印刷有限责任公司

2023 年 4 月第 1 版　2023 年 8 月第 2 次印刷

710 毫米 ×1000 毫米　开本：1/16　印张：17.75

字数：202 千字

定　价：50.00 元

（如发现印装质量问题，我社图书营销中心负责调换）

《“八三”精神　管道根脉》

编　委　会

主　任： 薛　枫

副主任： 王卓岩　高建国　张志宏　杨金生　刘广仁
白立彬　代宗育

编　写　组

组　长： 宋天学

副组长： 张爱东　王　斌

成　员： 陈　俐　杨德勇　崔丽芳　武乃胜　张新武
宁　一　张雪梅　王　鹏　李　勇　杨　堃
孙亚珂　任　毅　王　鑫　王馨饶

序

伟大事业孕育伟大精神，伟大精神推动伟大事业，能源储运行业也不例外。

1970 年 8 月 3 日，我国长输油气管道事业的奠基工程——“八三”工程正式启动。工程建设的伟大实践，为我国石油工业发展做出了重要贡献，培育了一批长输油气管道行业人才，孕育了“艰苦创业、勇于实践、团结协作、无私奉献”的“八三”精神。1973 年 4 月 16 日，经国务院批准，燃料化学工业部石油天然气管道局成立，对全国石油、天然气管道建设和生产管理工作进行统一领导。从“八三”走出来的石油管道人，从此开启了管道报国的伟大征程。

50 年间，一条条被誉为钢铁长龙的“能源国脉”和“能源运河”横亘东西、纵贯南北，密织成网、互联互通，管道局矢志搭建我国四大能源运输通道的战略拼图；50 年间，从“借船出海”到全产业链各项业务走向国际的跨越式发展，管道局全力打造世界一流能源储运行业颇具影响力的品牌形象；50 年间，历经改革开放、持续重组、业务转型、改制上市等一系列脱胎换骨式的变革，管道局保持着中国能源储运工程建设领域的主力军地位。

光阴荏苒，日月如梭。如今的管道局拥有国内唯一的长输管道工程勘察设计咨询专业设计院和国内管道行业唯一的油气管道输送安全国家工程研究中心；构建了从规划、科研、咨询、勘察、设计、采办、施工、机械制造到投产运营、维修维护、技术保障的完整产业链，具备能源储运工程全生命周期建设管理能力；业务遍及中国国内，以及中东、非洲、欧洲、中亚、东南亚、大洋洲、南美洲等7大地区共50多个国家，累计建设国内外长输油气管道超过13万公里，为保障国家能源安全、国民经济发展、改善能源消费结构、造福沿线人民群众、保护碧水蓝天净土做出了突出贡献。

古之立大事者，不惟有超世之才，亦必有坚忍不拔之志。半个世纪以来，一代代石油管道人弘扬石油精神和大庆精神铁人精神，继承发扬“艰苦创业、勇于实践、团结协作、无私奉献”的“八三”精神，并从中汲取营养和智慧，以笃定的文化自信凝聚干事创业的精神动力，为企业高质量发展筑牢了“根”和“魂”。

历史文化遗产承载着中华民族的基因和血脉，不仅属于我们这一代人，也属于子孙万代。作为石油精神谱系的重要内容，“八三”精神已成为管道局发展的“灵魂沃土”，培育了企业核心价值观的高度文化自信，体现了管道建设行业生命力的高度文化自信。

不忘历史才能开辟未来，善于继承才能不断创新。为深入贯彻落实习近平总书记关于“要敬畏历史、敬畏文化，守护好前人留给我们的宝贵财富”的重要指示精神，教育引导广大干部员工铭记企业发展史，继承发扬“八三”精神，在管道局成立 50 周年之际，按照管道局党委工作部署，企业文化部（党委宣传部）组织力量，深入挖掘“八三”精神时代内涵，擦亮新时代石油管道人奋斗底色，点亮新阶段企业发展前行明灯。

为固化、传承好宝贵的企业文化成果，编写组精心策划、广泛征集，设计编撰了集论述、总结、综述等于一体的《“八三”精神　管道根脉》一书，通过“‘八三’精神时代内涵研究”“‘八三’精神·孕育”“‘八三’精神·传承”“‘八三’精神·裂变”四个章节，以一论多维（理论＋历史传承、业务传承、组织传承三个维度）的方式呈现管道局传承“八三”精神和企业精神，延续文化基因、萃取思想精华、展现精神魅力，集中回顾管道局艰苦创业 50 年的文化发展变迁，共同见证管道局扎根能源储运行业的辉煌成就。

五十载，风风雨雨，薪火传承，奏响了中国长输管道事业从无到有、从弱到强的奋进乐章；五十载，斗转星移，继往开来，谱写了石油管道人为共和国石油天然气工业的发展与民族振兴拼搏奋进的辉煌篇章。

迎接未来，唯有奋斗可期。面对百年未有之大变局，站在企业发展的关键节点，让我们肩扛“八三”旗帜，守住文化根脉，牢记初心使命，用伟大精神铸就伟大事业，奋力开创中国能源储运行业发展新局面，谱写企业高质量发展新华章！

艱苦創業
勇于实踐
团结协作
無私奉献

目录

第一章 “八三”精神时代内涵研究

第二章 “八三”精神·孕育

第三章　“八三”精神 · 传承

第四章 “八三”精神·裂变

1970 年 7 月，在大庆原油外运能力严重不足，国家能源供应"梗阻"日益严重的大背景下，党中央、国务院决定集中力量修建大庆原油外输管道。8 月 3 日，东北管道建设领导小组成立，将东北地区石油管道建设工程命名为"八三"工程。一场石油管道建设的"辽沈战役"就此打响。第一代石油管道人在技术手段落后、没有任何经验、工程设备缺乏、施工装备简陋的情况下，艰苦创业、团结拼搏，用 5 年时间，建成了 8 条、总里程 2471 公里的管道。有效破解了大庆油田原油外输瓶颈，保证了大庆油田稳产增产。东北输油管网的成功建设，对当时的国家经济建设发挥了重要作用，也奠定了新中国管道运输行业的基础，更形成了"艰苦创业、勇于实践、团结协作、无私奉献"的"八三"精神，创造了宝贵的精神财富。

精神代代相承，忠诚铸就丰碑。从"八三"工程出发，石油管道人征战林海雪原、踏破蜀道天险、扬帆未知蓝海……手牵钢龙纵横华夏、征战海外，为国家能源安全做出了不可磨灭的贡献。在 50 年的奋斗历程中，代代相传的"八三"精神为管道人长久以来坚守不变初心、履行光荣使命提供了不竭的精神动力。

每年 8 月 3 日，中国石油管道人都怀着无比自豪欢庆自己的节日，纪念"八三"工程、弘扬"八三"精神，并在新时代的实践中，深入研究、接续传承，用发展的观点和创新的思维，不断挖掘、多重诠释"八三"精神的时代价值和现实意义。

第一章

“八三”精神时代内涵研究

第一节 伟大斗争孕育伟大精神

历史总是在坎坷与波折中前行，但“多难兴邦”，越是艰难困苦的条件，往往越能激发出人的精神伟力，创造出非凡的奇迹，淬炼出迎难而上的精神。中华民族饱经苦难而生生不息的千年发展史，中国共产党历经风雨而风华正茂的百年奋斗史，无不证明了拼搏斗争、建功立业的历程，也往往是不断培育、形成伟大精神的历程。

一、斗争的胜利需要精神蕴含的巨大能量

历史前行的每一步，无不是人类与现实世界斗争的结果，而每一次斗争的胜利，无不需要精神力量的推动。马克思主义认为，改变世界的终极力量一定是物质力量，但在一定的条件下，精神力量却可以转化为强大的物质力量。这个“一定的条件”最根本的就是“思想的闪电一旦彻底击中这块素朴的人民园地”——“理论一经掌握群众，也会变成物质力量”。继承马克思恩格斯的经典思想，毛泽东从中国革命和社会主义建设的实际出发，特别强调人是要有点精神的，指出“代表先进阶级的正确思想，一旦被群众掌握，就会变成改造社会、改造世界的物质力量”。在新时代，习近平总书记高度重视思想文化建设和发挥精神力量，特别强调弘扬以伟大建党精神为源头的中国共产党人精神谱系。指出:“辩证唯物主义虽然强调世界的统一性在于它的物质性，但并不否认意识对物质的反作用，而是认为这种反作用有时是十分巨

大的……所以，我们必须毫不放松理想信念教育、思想道德建设、意识形态工作，大力培育和弘扬社会主义核心价值观，用富有时代气息的中国精神凝聚中国力量。”

懂得和善于利用精神力量，是中国共产党的重要历史经验和制胜法宝。新中国成立之初，一穷二白，百废待兴，老一辈建设者白手起家，艰苦奋斗，改变了旧中国贫穷落后的面貌，还在各行各业孕育出了独具特色的行业精神。其中就包括独具石油管道特色的“八三”精神。“八三”精神不仅为第一代石油管道创业者提供了强大精神支撑，还指引着一代又一代管道从业者与时俱进、开拓前行，不断赢得斗争的胜利，蕴含着绵延不断的巨大能量。

二、“八三”精神是在斗争中继承发扬大庆精神铁人精神的产物

每一种精神的诞生，都带有鲜明的时代印记，是所处时代人们思想状况的真实反映。“八三”精神是石油管道人在中国共产党领导的社会主义建设中，继承中华民族、中国共产党、中国工人阶级优良传统，学习和运用毛泽东思想，发扬大庆精神铁人精神，在艰苦创业的实践中逐步培育和形成的。其产生有着特定的历史方位和时代坐标，与一定时代的政治、经济、文化紧紧相连，具有时代的、历史的显著特点。

50 多年前的“八三”会战，是继大庆油田勘探开发后，在东北这片孕育出大庆精神铁人精神的白山黑水间进行的又一次伟大实践。“八三”精神不是凭空产生的，在“八三”工程建设时，管道人面临着与大庆会战时期同样严酷的自然环境、同样匮乏的物质保障，肩负着同样的“我为祖国献石油”光荣使命，以石油技

术工人为核心的建设队伍，也同样在艰苦创业历程中展现出为国分忧、无私奉献的胸怀，展现出艰苦奋斗、实事求是、自力更生、团结协作、顾全大局等石油工业优良传统和精神特质。"艰苦创业、勇于实践、团结协作、无私奉献"的"八三"精神，是中国共产党性质宗旨、石油管道人意志品质的生动写照。与以"苦干实干""三老四严"为核心的石油精神同宗同源、一脉相承，有着共同的理念内容和精神品格，是大庆精神铁人精神的延续，是石油精神的重要组成部分。同大庆精神铁人精神一起，为以建党精神为源头的中国共产党人精神谱系增添了一抹绚烂的石油红。

三、"八三"精神是在斗争中与时代发展同频共振的结果

每个时代都有每个时代的精神。特定的精神一经形成，就具有相对的稳定性，蕴含着丰富的文化内涵。然而，当其赖以形成和发挥作用的时代条件和客观环境发生变化后，也必然会随着时代变迁而深化、发展，否则必将丧失活力。"八三"精神之所以能够在半个世纪的斗争实践中经久不衰，就在于其始终与现实需求相对接，在回答和解决时代所面临的历史性课题中不断充实、完善和发展。在不同历史时期，培育形成了"管道为业、四海为家、艰苦为荣、野战为乐""创新思维、实现超越、争雄国内、走向世界""管道报国、艰苦奋斗、开拓创新、实干兴业"等紧跟时代发展、具有鲜明特色的企业文化和优良传统。在不同地区、不同领域、不同工程项目的斗争实践中传承裂变，培育形成了"红树精神""国脉蓝图""国家红队""管道铁军"等一系列独树一帜的企业子文化、星罗棋布的基层班组文化，从各个层面不断赋予"八三"精神新的时代内涵。

党的二十大胜利召开，中国迈上全面建设社会主义现代化国家新征程。和几十年前相比，国内外政治经济形势、员工文化背景、生产生活条件都发生了深刻变化。党的二十大报告强调，“完善中国特色现代企业制度，弘扬企业家精神，加快建设世界一流企业。”面对新时代、新任务、新要求，新一代的管道人将“八三”精神与当下石油管道建设的鲜活斗争相连接，与中国油气储运行业最新实践相衔接，积极探寻“八三”精神基本内涵、基本价值与新时代、新征程的契合点，不断自我扬弃，守正创新、与时俱进，确保“八三”精神紧贴时代的脉搏，不断彰显新的时代价值。

第二节　伟大实践诠释伟大精神

中国石油管道人在“八三”会战的伟大实践中开创了“八三”精神，又在党领导下的中国能源储运行业建设实践中，不断以实际行动践行和诠释“八三”精神，以实践成果丰富和完善“八三”精神。2023 年，是中国石油管道局工程有限公司（简称“管道局”）建局 50 周年，准确理解与把握“八三”精神“艰苦创业、勇于实践、团结协作、无私奉献”的科学内涵，对于广大管道员工继承优良传统、树立价值认同，增强队伍凝聚力和创造力具有重要作用。

一、“艰苦创业”是中华民族的优良传统，是“八三”精神的基石，是管道事业发展的基础

艰苦创业，指的是在缺乏足够条件基础的情况下，以自力更生、艰苦奋斗的作风开创新的事业。是艰苦奋斗的中华民族传统美德的传承实践。我们党是靠自力更生、艰苦奋斗起家的。经过百年磨砺，自力更生、艰苦奋斗精神已经熔铸于党的基因血脉之中，成为党的政治本色和优良传统。

“八三”会战是国内首次进行大口径长输管道建设，是在内有困难、外有压力的情况下，独立自主白手起家的。技术、人员、设备、材料都是从零开始。数十万参战的石油员工、科研人员、解放军指战员、广大民兵和群众以大无畏的革命精神，充分发挥艰苦奋斗优良传统，克服恶劣的条件和艰苦的环境，最终胜利地

完成了建设任务。

艰难困苦，玉汝于成。50 年来，正是靠这种艰苦创业的精神，管道人越蜀道天险，穿江南水网，跨峡谷天堑，在祖国大地上建成条条能源大动脉。也是靠这种艰苦创业的精神，管道人过中东沙漠、穿尼罗险境，战远东严寒，在国际市场树立起中国管道品牌。创造了能源储运行业多个“第一”，为保障国家能源安全，为经济社会发展和民生保障做出了不可磨灭的贡献。

今天，从“八三”工程开始的中国油气储运行业已成为体量庞大的国民经济基础产业之一，但是国际能源市场的风起云涌、绿色低碳和技术迭代要求的日新月异，也让管道人的艰苦创业“一直在路上”。习近平总书记在党的二十大报告中强调，全党同志“务必谦虚谨慎、艰苦奋斗”。管道人将继续传承艰苦创业优良传统，在前进的道路上不断战胜荆棘坎坷、克服困难压力，不断再创佳绩、再立新功。

二、“勇于实践”是马克思主义的根本特征，是“八三”精神的关键，是解决困难的科学途径

真理只有在实践中才能得到检验，理想也只有在实践中才能变成现实。实践的观点是马克思主义哲学首要的、基本的观点，是马克思主义理论区别于其他理论的显著特征。习近平总书记强调“空谈误国，实干兴邦”，讲的就是勇于实践是我们能干事、干成事的关键所在。

50 年前“八三”会战打响时，面对一无设备、二无标准、三无技术的情况，“八三”工程技术人员从《矛盾论》和《实践论》中获得思想启迪，刻苦钻研、深入调研、反复实践，在钢管研究与制造、管道防腐与焊接、管沟开挖与铺设、设备运输与安装等

施工组织中探索出了一整套标准和技术。参建工人也充分发挥劳动人民聪明才智，因地制宜、灵活应对、创造了许多简单实用的施工办法，解决了许多现场具体问题。勇于实践、不懈探索，为我国大口径长距离管道施工的油气管道建设积累了重要经验。

50 年来，管道局作为石油管道行业第一支专业队伍，继承和发扬了勇于实践的优秀品质，面对发展过程中不断出现的新考验、新问题，坚持科学、实事求是、大胆开拓，从悬浮吊装式穿越河流，到用定向钻穿越黄河，再到应用盾构机穿越长江；从建设几万立方米的水泥半地下罐，到建设十几万立方米的金属储油罐，再到建设大型的战略储备油库；从国内油气储运工程项目的施工，到走出国门挺进非洲、中东、东南亚，深度融入“一带一路”国际能源建设市场……管道人克服了一个又一个困难，填补了一项又一项空白，谱写了一个又一个新的篇章，始终稳立潮头，不断向前。

三、“团结协作”是社会主义制度的固有优势，是“八三”精神的支柱，是战胜困难的巨大力量

团结协作是社会主义制度集中力量办大事固有优势的充分体现。中国人民是具有伟大团结精神的人民，百年奋斗历程中，中国共产党始终坚持大团结大联合，团结一切可以团结的力量，调动一切可以调动的积极因素，最大限度凝聚起共同奋斗的力量，带领中国人民在中华民族发展史和人类社会进步史上写下了壮丽篇章。

“八三”工程是新中国进行的首次大规模石油管道建设综合工程。“八三”会战号角一响，来自大庆油田等地的技术工人，来自沈阳军区的解放军，来自沿线地方的民兵群众近 30 万大军汇集松

辽平原。解放军逢山开路，遇水架桥；民兵群众挖沟运管，破冰穿河；技术工人风餐露宿，焊花纷飞；领导专家设计踏勘，扎根一线。从中央到地方，各级政府、企业大开绿灯，物资、人员全力支撑工程建设。正是由于各方空前团结、通力协作，“八三”工程才得以在当时极其有限的社会条件下顺利竣工。

随着油气储运行业发展，行业分工更细，技术要求更高，施工组织更精细，资源配置更复杂，坚持团结协作，是适应时代发展、提高企业竞争力的必然要求。在党的二十大报告中，习近平总书记特别强调“全面建设社会主义现代化国家，必须充分发挥亿万人民的创造伟力”，号召“为全面建设社会主义现代化国家、全面推进中华民族伟大复兴而团结奋斗”。管道人学习贯彻党的二十大精神，必将牢牢把握团结奋斗的时代要求，将团结协作优良作风传承下去，发扬光大。

四、“无私奉献”是中国共产党的精神基因，是“八三”精神的底色，是管道人最高的精神境界

奉献是共产党人的精神底色。中国共产党坚持全心全意为人民服务的根本宗旨。党章明确规定，共产党员必须“坚持党和人民的利益高于一切，个人利益服从党和人民的利益，吃苦在前，享受在后，克己奉公，多做贡献”。入党誓词明确提出：“为共产主义奋斗终身，随时准备为党和人民牺牲一切，永不叛党。”共产党员讲奉献不是可有可无的选择，而是必须履行的义务。中国共产党百年奋斗的光辉历程，就是一部共产党人为中国人民、为中华民族赤诚奉献的恢宏史诗。

“八三”会战时，无论干部、工人、民兵还是军人，不计个人得失，不提个人要求，把全部精力都投入工程建设中。没有人埋

怨餐标低、住宿差，没有人计效工资少，无休假。为赶进度、保工期，加班加点、连续作业对于参建者来说都是家常便饭。管道施工都在野外，撇家舍业、风餐露宿是常态。参建者们每天在激昂的进行曲中起床，在工地高音喇叭播放的榜样激励中工作，在争先恐后、比学赶帮中，以“忘我”的境界践行“我为祖国献石油”的誓言。

自20世纪70年代后期开始，国家管道工程建设全面展开。管道人继续“头戴铝盔走天涯”，从踏遍神州到征战海外，以无私奉献彰显新时代共产党人的价值追求。习近平总书记说，“我将无我，不负人民。”“我愿意做到一个‘无我’的状态，为中国的发展奉献自己。”“无我”之境，即是共产党人把自我完全融入为中国人民谋幸福、为中华民族谋复兴之中，大公无私、甘于奉献。面对百年未有之大变局中的新斗争、新挑战，管道人时刻牢记“为党和人民牺牲一切”的誓言，以“无我”的状态不断淬炼无私奉献的精神，在新征程上创造出无愧于党和人民的业绩。

第三节 伟大时代淬炼伟大精神

党的二十大胜利召开，中国迈上全面建设社会主义现代化国家新征程，“八三”精神在继续优良传统的同时，也在岁月的碰撞中，不断被赋予着新的内涵，展现着新的特征，彰显着新的价值，既一脉相承又与时俱进，在新时代的淬炼中愈发璀璨夺目。

一、新时代赋予新内涵

当前，我国已经进入新发展阶段，实现中华民族伟大复兴进入了不可逆转的历史进程。世界之变、时代之变、历史之变正以前所未有的方式展开。面对复杂多变的形势、艰巨繁重的改革发展稳定任务，管道局坚定必胜信心，顶压前行，稳中求进，在新时代搏出了新天地。管道人的精神内核——“八三”精神，也在与时代的共振中升华出新的内涵，概括为:“忠”的品质、“进”的态度、“实”的作风、“和”的追求。新时代赋予的新内涵，让“八三”精神拥有了更加旺盛的生命力、更加强大的感召力和更加充沛的创造力。

（一）“忠”的品质

爱党报国。“天下至德，莫大于忠”，对党绝对忠诚，是中国共产党人的首要政治品质，同时也是国有企业必须坚持的政治底线。管道局作为我国管道建设行业的主力军，秉承“国企姓党”的根本原则，勇担“国企强国”的历史使命，深刻领悟“两个确立”的决定性意义，增强“四个意识”、坚定“四个自信”、做到“两个维护”，始终听党话、跟党走，锐意进取、埋头苦干，在四大能源通道建设等国家能源战略布局中以责无旁贷的使命感勇挑大梁，贡献了管道力量。

奉献社会。管道局始终坚持“为人民服务”宗旨，主动承担国企社会责任。建设优质管道工程，为经济发展和人民生活“保供”；扩展清洁能源业务，为绿色冬奥、美丽中国“护航”；在突发事件中挺身而出，在抢险救灾时敢打头阵、勇做先锋。仅脱贫帮扶、助力乡村振兴一项，党的十八大以来管道局已累计投入资金逾千万元，用责任担当书写合格答卷，做好国有企业必答题。

忠于企业。忠的品质不仅体现在对党、对国、对人民的忠诚方面，也体现在管道人的恪尽职守、忠于企业方面。“以企业为家”并不是一句口号，而是每一天的努力工作，是困难时的同舟共济，是危难时的挺身而出，是取舍决断时的无私奉献。个人利益服从集体利益，“企兴我荣、企强我富”，管道人耐得住寂寞，经得起诱惑，守得好本分，在50年的发展历程中与业绩同提高、与企业共成长、与时代共奋进。

（二）“进”的态度

难而不惧。中国进入全面建设社会主义现代化强国时期，民族复兴的美好前景更加清晰，面临的各种发展难题也更加复杂严峻。世界政治经济格局深刻变化，全球能源产业加速升级，国内油气行业体制变革……面对巨大挑战和全新课题，管道局继承和发扬中国共产党人勇于斗争的精神，始终保持战略清醒，坚定战略自信、保持必胜信念，增强忧患意识、坚持底线思维，准备经受风高浪急甚至惊涛骇浪的重大考验，发扬斗争精神，披荆斩棘、勇毅前行，在发现问题和解决问题中，奋力开创管道事业发展新局面。

守正创新。中国共产党人信仰的是科学真理，走的是人间正道，“守正”才能不迷失方向、不犯颠覆性错误，“创新”才能把握时代、引领时代。守正与创新相辅相成，体现了“变”与“不变”、继承与发展、原则性与创造性的辩证统一。管道局作为中国第一支党的领导下的管道建设专业队伍，始终以国家战略需求为导向，开创了中国能源储运行业的基础，拥有了技术、装备、人才、品牌和企业文化等全方位的强大实力，在国家能源保障中发挥了重要作用，这条“正道”要始终如一、坚持走下去。同时，又深入实施创新驱动发展战略，开辟发展新领域新赛道，不断塑造发展新动能新优势。在新时代新阶段把创新主动权、发展主动权牢牢掌握在了自己手中。

奋发有为。奋发有为是一种积极向上、有所作为的精神状态。精神不是万能的，但没有精神是万万不能的。奋发有为的精神状态，不但可以转化为攻坚克难的坚强意志，而且可以转化为推动事业蓬勃发展的强大力量。保持奋发有为的精神状态，是我们党在艰苦复杂的环境中取得伟大成就的宝贵经验，也是管道人 50 年来披荆斩棘、所向披靡，不断推进企业发展的活力源泉和重要法宝。面临着种种风浪暗礁，管道人始终保持奋发有为的精神状态，团结一切可以团结的力量，调动一切可以调动的积极因素，信心百倍地战胜前进道路上的一切困难和风险。为推动企业高质量发展、保障国家能源安全、全面建设社会主义现代化国家贡献智慧和力量。

（三）“实”的作风

求真务实。求真务实是辩证唯物主义和历史唯物主义一以贯之的科学精神，是我们党思想路线的核心内容，是党的优良传统和共产党人应有的政治品格。习近平总书记说：“新征程是充满光荣和梦想的远征，没有捷径，唯有实干。”进入新时代，管道局顺应国家能源发展大势、国家管网改革战略大局，适应市场形势变化，将企业发展目标调整为“建设世界一流能源储运公司”，提出“1234 10445”新时期发展战略，同时，脚踏实地、埋头苦干，大力实施党建护航工程、人才强企工程、管理提升工程、文化铸魂工程，继承和发扬“苦干实干”“三老四严”优良传统，靠实干开创更加美好的未来。

诚实守信。习近平总书记在《之江新语》中指出“‘人而无信，不知其可’；企业无信，则难求发展；社会无信，则人人自危；政府无信，则权威不立”。诚信，既是中华民族优秀传统文化的核心内容，又是社会主义核心价值观的重要内涵。管道局牢固树立“建精品工程、铸诚信品牌”理念，以真心实意服务客户为“诚”，遵守诺言合法经营为“信”，深化依法合规治企，形成企业重大决策规范化、经济往来合同化、管理经营诚信化的体制机制，在积累企业信誉无形资本、增强企业软实力的同时，协力推进我国信用经济建设，以实际行动助推品牌强国梦的实现。

精细严谨。精细严谨是石油系统的优良传统，体现了以理性为先导的科学价值观，表现为尊重科学、崇尚真理、理性探索、严谨求是的工作作风。能源储运是安全环保高风险行业，技术工艺上的不精细不严谨将造成重大安全隐患；管道建设市场竞争日益激烈，经营管理上的不精细不严谨将导致严重经济损失。管道局坚持在“生产上精耕细作、管理上精雕细刻、经营上精打细算、技术上精益求精”，践行严谨细致的作风，通过精细管理和精准控制，有效避免发生重大安全环保事故，避免国家利益的损失，保证企业经营效益和运营效率的不断提高。

（四）“和”的追求

合胆同心。人心齐，泰山移。干事创业，离不开组织内部团结协作的合力。50 年来，管道局历经数次改革调整，始终在激烈的市场角逐中占有一席之地，参与了几乎所有国家重点油气管道工程建设，承担我国四条能源战略通道 70% 以上的综合工作量，累计建设国内外长输油气管道超过 12 万公里，建设原油和成品油储罐 2800 万立方米，荣获国家和行业优质工程奖 80 项，获得专利 1256 项、省部级以上工法 183 项，创造了许多中国管道建设史上的“之最”和“第一”。是中国油气储运设施建设行业当之无愧的国家队、技术进步的领头羊。这些成绩的取得，依靠的都是敢打硬仗、能打硬仗的员工团队，是管道人同心同德、团结拼搏的成果。

和气致祥。典出《汉书》，意思是和睦融洽的气氛可带来好的局面。中国人笃信“天时不如地利，地利不如人和”。没有“和”的滋养，就没有中华民族的强大凝聚力。管道局一直重视创造和谐的内外部环境。在企业内部，实现好、维护好、发展好广大员工群众的根本利益，建设健康企业、幸福企业、和谐企业，营造“团结友爱、和谐融洽、安定有序”的内部环境；在企业外部，充分尊重合作伙伴，实现“互利双赢”，牢固树立以人民为中心的发展思想，支持带动地方经济社会发展，营造和谐的企地关系，保障企业的健康发展。

和合共生。习近平总书记说：“人类应该和衷共济、和合共生，朝着构建人类命运共同体方向不断迈进，共同创造更加美好未来。”管道局积极响应习近平总书记提出的构建人类命运共同体倡议，致力于实现人与人的和平共处、人与自然的和谐共生。深度参与“一带一路”建设，足迹遍布非洲、中东、东南亚等地的50多个国家和地区，在建设优质工程的同时，为当地居民打井、修路、爱心捐赠，改善生活条件，赢得高度赞誉。落实环境保护要求，走绿色低碳发展之路。在施工中坚持环保优先、节能减排，最大限度地降低对环境的影响。开发清洁能源和环境友好产品，努力实现与环境的和谐，人与自然永续发展。

二、新时代展现新特征

随着中国特色社会主义进入新时代，党和国家事业取得历史性成就、发生历史性变革，党的面貌、国家的面貌、人民的面貌、军队的面貌、中华民族的面貌发生了前所未有的变化，“八三”精神也正以一种崭新的面貌呈现在世人面前，不仅被赋予了新的内涵，更展现出了新的时代特征。

（一）鲜明的政治性：坚持党的领导

政治性是我们党内政治文化的第一属性，文化所蕴含的精神价值，决定着文化的性质和方向，是文化的“魂”。“八三”精神就是管道企业文化的“魂”，从诞生的那一刻起，就具有“为国分忧，为党尽责”的鲜明政治属性。50年来，以“八三”精神凝聚感召的中国石油管道人，在党的领导下为中国油气储运行业发展做出了卓越贡献，也在党的指引下让企业不断发展壮大。管道人深刻地认识到，办好中国的事情，关键在党。深刻地理解中国特色社会主义最本质的特征是中国共产党领导，中国特色社会主义制度的最大优势是中国共产党领导。从创业年代坚决听党话、跟党走，到新时代旗帜鲜明地坚持党的领导，在思想上、政治上、行动上同以习近平同志为核心的党中央保持高度一致，在历次改革调整中始终做到服务服从党和国家战略全局，始终做到对党绝对忠诚，做党和国家最可信赖的骨干力量。对党忠诚、听党指挥、为党尽责的鲜明政治性，也成为管道局企业文化最显著的特点，成为新时代“八三”精神最显著、最重要的特征。

（二）本质的先进性：坚持习近平新时代中国特色社会主义思想指导

马克思主义是我们立党立国、兴党兴国的根本指导思想。拥有马克思主义科学理论指导是我们党坚定信仰信念、把握历史主动的根本所在。50年前的“八三”工程，就是管道前辈们在马克思主义中国化的第一次历史性飞跃——毛泽东思想的指引下创造的人间奇迹。进入新时代，管道人以马克思主义中国化最新成果——习近平新时代中国特色社会主义思想为指引，以科学思想方法统筹推进各项工作，形成推动企业改革发展的强大力量。50年的实践让管道人深刻理解：中国共产党为什么能，中国特色社会主义为什么好，归根到底是马克思主义行，是中国化时代化的马克思主义行。坚持习近平新时代中国特色社会主义思想，就是坚持马克思主义，就是坚持对真理的信仰。新征程上，管道人通过深入学习习近平新时代中国特色社会主义思想，解决好世界观、人生观、价值观这个“总开关”问题，让新一代的管道人能跨越时空，更加深刻地理解“八三”精神，并在新的实践中对“八三”精神不断充实新的注解，不断升华其本质的先进性，构筑起经受住各种风险考验的精神支柱，树立了新时代管道人崇高执着的信仰文化。

（三）坚定的人民性：践行初心使命

党的二十大把"不忘初心、牢记使命"列为"三个务必"中的第一个"务必"，并在党章修正案中增写了关于"初心使命"的内容，指出"中国共产党自成立以来，始终把为中国人民谋幸福、为中华民族谋复兴作为自己的初心使命"。我们党来自人民、为人民而生、因人民而兴，党的根基在人民、血脉在人民、力量在人民。人民立场是我们党的根本政治立场，人民性是党内政治文化的固有属性。"八三"精神由50年前参加"八三"会战的数十万军民首创，诞生于社会主义建设新的"人民战争"的火热斗争。从诞生之日起，始终坚持人民群众是历史创造者的唯物史观，充分尊重人民群众的主体地位和首创精神。根植于人民群众，又善于团结人民群众，并在50年的发展历程中一以贯之坚守初心使命，始终坚持人民至上，保持同人民群众的血肉联系。党的十九大以来，随着"不忘初心、牢记使命"主题教育和党史学习教育深入开展，"八三"精神所蕴含的坚定的人民性更加凸显，激励着全体管道人在新时代新征程上永远保持对人民的赤子之心，始终牢记人民对美好生活的向往就是我们的奋斗目标，永远与人民同呼吸、共命运、心连心。

（四）良好的传承性：在接续奋斗中不断传承和升华革命文化、红色基因

精神文化是组织在长期实践中形成的思想结晶，作为内核的信仰文化使其获得了源源不断的生命力，持续影响着组织成员的态度和行为，并在成员的共同形塑中得以丰富和发展。"八三"精神因中华文明精髓、中国共产党马克思主义信仰、中国石油优良传统而生。50年来，"八三"精神在管道局连续传承。"八三"的故事代代传颂，"八三"的事迹深入人心，滋养着一代代中国

石油管道人。每个时期的石油管道人，又在传承中不断拓展内容、创新形式、丰富载体，涌现出一批又一批先进集体和模范人物，凝结出无数的企业子文化、项目子文化和基层班组文化，为企业每个时期的成长变革注入不竭精神动力。实践证明，无论时代如何变迁，“八三”精神永不过时。特别是党的十八大以来，以习近平同志为核心的党中央，不断加快概括提出精神的步伐，并在 2021 年 2 月 20 日，由习近平总书记在党史学习教育动员大会上的讲话中正式提出“精神谱系”的概念，为石油管道人对“八三”精神的传承和丰富指明了方向，打开了思路，提升了高度。指引着管道人将“八三”精神纳入石油精神谱系来研究和宣传，在接续奋斗中不断传承和升华其蕴含的革命文化、红色基因。

（五）务实的开放性：用博大胸怀吸收人类创造的一切优秀文明成果

务实开放是党内政治文化的源头活水。一百多年来，中国共产党始终以开放的姿态，积极吸收、借鉴、扬弃不同历史时期不同国家、民族、政党创造的优秀文明成果，兼收并蓄为我所用，发展出丰厚的精神文化成果，构建了宏大的中国共产党人精神谱系，形成了我们党独特的文化优势。管道行业是石油行业的“野战军”，管道企业是“没有围墙的工厂”，和油田企业扎根一地不同，管道建设者转战南北、风餐露宿，管道企业文化从源头上就具有天然的开放属性。50 年前诞生的“八三”精神，融合了参加会战的解放军、石油技术工人和沿线民兵、普通劳动者所具有的优秀品质和思想精粹，并随着管道联通南北，不断地吸引融入各个时期、不同地区、不同人群创造的精神财富。50 年来，随着行业的发展和国家战略规划，管道局历经多次改革重组。一些企业并入管道局，为“八三”精神增加了新的注解；更多的企业从管道局派生发展，将“八三”精神带到了新的领域。“八三”精神伴随着中国油气储运行业的发展，始终以务实开放的姿态随时代发展、伴行业前行，成为中国油气管道从业者共同的精神灯塔。

第四节 伟大征程弘扬伟大精神

党的二十大报告明确提出了新征程中“增强实现中华民族伟大复兴的精神力量”的战略任务。习近平总书记强调:“我们要建设的社会主义现代化强国，不仅要在物质上强，更要在精神上强。精神上强，才是更持久、更深沉、更有力量的。”“八三”精神过去是、现在是、将来仍然是我们宝贵的精神财富。奋斗新时代、奋进新征程，我们必须大力弘扬“八三”精神，凝聚干事创业的精神力量，推动企业稳健发展，为实现第二个百年奋斗目标贡献管道力量。

一、弘扬“八三”精神，要高举习近平新时代中国特色社会主义思想伟大旗帜，用党的创新理论统一思想、统一意志、统一行动

习近平新时代中国特色社会主义思想是当代中国的马克思主义，是新时代中国共产党人的思想旗帜，是我们做好一切工作的根本指针。要坚持学深悟透习近平新时代中国特色社会主义思想，吃准吃透精神实质和核心要义，使之成为精神上的主心骨、理论上的定盘星、行动上的指南针。要把“两个维护”作为最高的政治原则，切实增强政治认同、思想认同、理论认同、情感认同，始终在政治立场、政治方向、政治原则、政治道路上同以习近平同志为核心的党中央保持高度一致。要及时跟进学习贯彻习近平总书记重要讲话和指示批示精神，谋划推动工作都要主动对标对

表，确保总书记重要指示批示件件落实、党中央决策部署项项落地。

二、弘扬“八三”精神，要始终坚持党的领导、持续加强党的建设，充分发挥国有企业独特政治优势

坚持党的领导、加强党的建设，铸牢国有企业的“根”与“魂”。管道局拥有2.3万名员工，761个基层党支部，1.2万名在职党员，发挥党的政治优势是增强企业核心竞争力、实现企业高质量发展的根本前提。要坚决贯彻落实习近平总书记“两个一以贯之”要求，把坚持党的领导和完善企业治理有机统一，切实发挥好党组织把方向、管大局、保落实作用，确保企业始终沿着正确方向前进。要全面加强和改进新形势下企业党建工作，压紧压实全面从严治党主体责任，构建完善“大党建”工作格局，健全基本组织、建强基本队伍、落实基本制度，不断增强基层党组织政治功能和组织力。

三、弘扬“八三”精神，要坚持解放思想、改革创新，为企业发展持续注入新的动能

解放思想是马克思主义思想路线的本质要求，改革创新是推动企业发展的根本动力。要坚持问题导向、稳准原则，加强改革顶层设计，完善改革举措，以深化改革撬动发展变革。要围绕企业治理体系和治理能力现代化，提升战略管控能力、科技创新能力、国际化发展能力、行业引领能力、风险防控能力，以高质量的治理效能推进企业高质量发展。要坚持科技是第一生产力，着眼行业发展大势和世界管道科技前沿，深化科技创新体制机制改革，打造一批国际一流、国内领先的核心技术，助推企业发展方式转

变，走出一条创新驱动发展之路。

四、弘扬“八三”精神，要深入践行以人为本，共建共享幸福企业

习近平总书记强调，要把实现好、维护好、发展好最广大人民的根本利益作为一切工作的出发点和落脚点，让发展成果更多更公平惠及全体人民。要始终坚持以人民为中心的发展思想，全心全意依靠员工群众办企业，尊重员工群众首创精神，充分调动员工群众的积极性、主动性和创造性。要秉承“企业以员工为本，员工以企业为家”的理念，努力维护员工群众的经济利益、政治权益、健康权益和发展权益，为员工成长成才创造条件，帮助员工实现自身价值，与企业相融共进、共同发展。要高度关注民生，顺应员工群众对美好生活的向往，切实解决广大员工群众最关心、最直接、最现实的利益问题，特别是要关心老会战、老同志的生活和健康，使企业发展成果更好地惠及员工群众。要积极履行社会责任，支持公益事业，落实扶贫责任，更好地树立负责任国有企业的良好形象。

征程万里风正劲，重任千钧再出发。新时代新征程，践行“八三”精神，从中国共产党人的精神谱系中汲取营养，用党的光荣传统和优良作风坚定信念、凝聚力量，不忘初心、牢记使命，不懈奋斗、锐意进取，我们就一定能够不断续写石油管道行业新的传奇，书写中华民族伟大复兴的精彩篇章！

问渠那得清如许，为有源头活水来。"八三"精神不是从天上掉下来的，也不是凭空想出来的，它孕育于新中国石油工业艰苦创业的伟大斗争，源自于管道运输行业从无到有的伟大实践。中国人民"艰苦奋斗，奋发图强"的伟大精神、中国人民解放军"一不怕苦，二不怕死"的英勇战斗精神、大庆油田"有条件要上，没有条件创造条件也要上"的艰苦奋斗精神、铁人王进喜"宁可少活二十年，拼命也要拿下大油田"的忘我拼搏精神……这些伟大精神，成为给予"八三"精神生命的种子。在后来的东北石油管道建设中萌发，随着管道局的诞生和发展越加壮大，深深融入石油管道人的血脉之中，为中国管道运输业的发展壮大提供了丰厚滋养。

第二章

“八三”精神·孕育

第一节　寻根溯源

一、中国石油师精神——“八三”精神的铁血基因

20 世纪 50 年代，年轻的共和国百废待兴，可提供建设动力的石油工业发展却举步维艰，与全面恢复国民经济严重不匹配。原油年产量只有 8.9 万吨，专业技术力量十分缺乏。美国经济学家预言：石油短缺，红色中国经济机器也许会在某一天的早晨骤然停止运转。美国军事学家声称：石油短缺，中国军队撑不住一场防御性的战争。在这样的艰难时刻，谁来挺起中国石油的脊梁？历史选择了中国人民解放军第 19 军第 57 师——一支从抗日战争和解放战争烽火中走来的英雄部队，一支作风顽强、纪律严明、吃苦耐劳的善战之师。

（一）坚决执行毛主席的命令

1952 年 2 月，毛泽东主席亲自签署《军委关于部队集体转业的命令》：“我批准中国人民解放军第 19 军第 57 师转为中国人民解放军石油工程第一师的改编计划，将光荣的祖国经济建设任务赋予你们。你们过去曾是久经锻炼的有高度组织性纪律性的战斗队，我相信你们将在生产建设的战线上，成为有熟练技术的建设突击队。你们将以英雄的榜样，为全国人民的，也就是你们自己的，未来的幸福生活，在新的战线上奋斗，并取得辉煌的胜利。”

1952 年 8 月 1 日，陕西汉中，57 师举行“八一”阅兵和石油工程第一师命名仪式。张文彬政委代表全体指战员向祖国人民发出誓言：“坚决执行毛主席的命令，继续以最大的勇敢和信心站到

中国最需要的战线上去，使我们锻炼成一支熟练的工程部队，贡献出我们最大的力量，完成祖国人民所分配的伟大而艰巨的石油工程任务，来争取更大的胜利，更大的光荣。”

这一天，翻开了新中国石油工业史首页。8000 名刚从剿匪战场和生产基地下来的将士在师长张复振、政委张文彬率领下整体转业到石油战线。高举着“中国石油师”的大旗，义无反顾地奔赴新中国石油开发的各个战场。他们一路豪歌，成为当时石油工业的生力军，开始了“我为祖国献石油”的光辉创业历程。

（二）脱下军装的解放军，不怕死，更不怕苦

改编后的石油工程第一师，原 170 团先定名为石油师一团，后更名为石油师钻井教导团，去了陕北延安；原 171 团定名为石油师二团，奔赴甘肃玉门油田，组成了玉门矿务局基建工程处；原 172 团定名为石油师三团，后更名为汽车运输团，进而与兰州石油运输总站合并，组成了酒泉运输处。当时石油师的官兵形象化概括为：“一团钻，二团炼，三团开着汽车转。”

在各团分工的同时，石油师从各部抽调人员赴玉门、东北等老工矿基地参观学习、开阔眼界，学习工业企业先进的管理方法和制度，以更好地迎接建设任务。石油师人在新的“练兵场”上开始了火热战斗，学习基础知识、学习专业技术、学习操作技能。以解放军勇敢顽强的传统、锲而不舍的精神和坚韧不拔作风，向新的“高地”冲锋，完成由战斗队向工业建设突击队的转变。

石油是一个艰苦的行业，尤其是那个物资匮乏的年代。寻找石油往往要深入荒原戈壁，翻山越岭、风餐露宿，生活条件异常艰苦。“我们是脱下军装的解放军，不怕死，更不怕苦。在这个没有硝烟的战场上，我们没有一个做逃兵。”原石油工业部副部长秦文彩谈起那段历史，依然激动不已。

凭着顽强的毅力和不懈的努力，石油师指战员中成长起了一大批优秀的石油工人。这些优秀的钻井工、炼油工、汽车驾驶员，转战大江南北、长城内外，参加了玉门油田、新疆油田、大庆油田、四川油田、胜利油田、华北油田等迄今为止我国所有油田的开发会战，立下了赫赫战功。创造 9 个月零 15 天钻井 28 口奇迹，被盛赞为“永不卷刃尖刀”的 1202 钻井队，原为 57 师 170 团警通连的一个排。由石油师李德武领导的油建 11 中队，被大庆会战工委命名为“自觉从严的标兵”。

从石油师中还成长起来一大批石油工业领域的领导干部、专家、技术业务骨干。其中，7 人担任了副部级以上职务，当时的石油部部长宋振明，副部长张文彬、陈烈民、秦文彩、李敬等都来自“石油师”。还有一百多人担任了司局级职务，一千多人荣获过标兵、劳动模范、先进工作者等光荣称号，他们成为了石油队伍的中坚力量，为祖国石油工业发展做出了重要贡献。

“驰骋疆场攻关夺险推翻三座大山打先锋，转业石油覆地翻天建设四化强国创基业”。这副曾悬挂在中国石油师政委张文彬家中的对联，不仅是对这位“石油铁帅”个人，更是对所有石油师人卓著功勋的高度评价。

（三）国魂、军魂、石油魂

石油师是新中国石油工业奠基者。不仅是因为他们给共和国石油工业挣下了第一份家业，更是因为他们用生命和血汗铸起了一座伟大的精神丰碑。

石油师的存在，使中国石油工人队伍从诞生那天起，就与人民军队形成了不可分割的血脉联系。到 1960 年 3 月大庆石油会战时，全国各地的石油师官兵再次听从党的指挥，从四面八方汇聚大庆。沈阳军区、济南军区、南京军区的 3 万退伍兵也加入会战的行列。之后，中央军委又给大庆分配了 3000 名转业军官。1970 年的管道“八三”会战，更是直接由沈阳军区牵头组织设计施工，战士和石油工人并肩作战。在共和国经济发展历史上，只有石油工业是这样一直由军人做主力援军。或许，是因为新中国石油工业的创业格外艰难，而人民军队就像一颗革命火种，在这条艰苦卓绝的奋斗路上，放射出灿烂光芒！

20 世纪 60 年代初，朱德委员长视察大庆油田时曾评价：“石油师变成了一支掌握了现代技术的解放军……很好地保持了解放军的优良传统，起到了改造世界的主体动力作用。”

原石油工业部部长余秋里评价石油工程第一师：“他们中的大多数同志，已成为石油各条战线的领导和骨干力量，把党的优良传统、解放军的革命精神和高尚品质带到石油队伍中来，为建设一支艰苦创业的石油队伍打下了好的基础。”

原石油工业部部长康世恩亲自总结石油师具有“为社会主义建设顽强学习”“有高度的组织纪律性”“保持艰苦奋斗的优良传统”三大特色。

人民解放军给石油工人队伍带来了部队的政治思想基础、组织力量、克服困难的优良传统和特有的创造精神、拼搏精神。石油队伍继承了人民军队对党忠诚、为国担当的优良基因，将国魂、军魂融入石油魂，铸就了一支有情怀、有韧性、有血性、有担当的铁军队伍。

军人捍卫祖国和平，石油人奉献发展动能；

军人守护万家灯火，石油人保障温暖祥和。

国魂、军魂、石油魂水乳相融，石油精神、大庆精神铁人精神与人民军队精神一脉相承。今天，石油方阵壮大至百万，军魂依然流动在灵魂深处。滚滚油流，流淌着为国为民的责任与担当，条条钢龙，彰显着敢打敢拼的血性阳刚。从大庆会战到八三会战，从油田开发到管道建设，老兵们把火种带到了石油各条战线。必然的，也为“八三”管道精神种下了为国奋斗、建功立业的铁血基因。

二、大庆精神铁人精神——“八三”精神的石油根脉

（一）把“贫油”的帽子甩到太平洋

1958 年，新中国第一个五年计划成果揭晓。没完成计划的，只有石油工业部。这时正值冷战期间，西方国家企图以实施石油禁运“窒息红色中国”，一顶“贫油”的帽子，压得人喘不过气来。

1959 年 9 月 26 日，松嫩平原大同镇附近，一座名为“松基三井”的油井里喷射出黑色油流。此时临近国庆 10 周年，时任黑龙江省委书记欧阳钦提议将大同改为大庆，将大庆油田作为一份献给新中国的厚礼。

1960 年 2 月，一场关系石油工业命运的大会战揭开了序幕。迎接 4 万多会战队伍的，是零下 20 摄氏度的严寒天气和一望无际无路、无粮、无房，甚至连生活用水都供应不上的大荒原。面对异常艰苦的条件，会战队伍喊出了“我们能找到大油田，就一定能开发好大油田！”“这矛盾，那矛盾，社会主义建设等油用，是最主要的矛盾；这困难，那困难，国家缺油是最大的困难。”“困难面前有我们，我们面前无困难！”的响亮口号。寂静的荒原从此沸腾了，强烈的民族自尊心和使命感，促使着会战将士不怕苦、不怕死、不为名、不为利，不讲工作条件好坏、不讲工作时间长短、不讲报酬多少、不分职务高低、不分分内分外、不分前线后方。干部职工团结一心，盖“干打垒”在冰雪荒原安营扎寨；挖野菜度饥荒、开荒种地，生活自救；开展技术攻关，

创新管理方法……闯过道道难关，坚决地把会战打了下去，经过三年的辛苦努力，大庆会战终于告捷。中国人有了自己的世界级特大油田！

1963 年，全国原油产量达到 648 万吨。到 1964 年初，大庆油田原油生产能力超 500 万吨，我国石油已经基本实现自给，彻底甩掉了“贫油国”的帽子。

此后，“大庆”成为一个独特的文化符号。大庆会战和油田建设中产生的为国争光、为民族争气的爱国主义精神；独立自主、自力更生的艰苦创业精神；讲求科学、“三老四严”的求实精神；胸怀全局、为国分忧的奉献精神成为中华民族精神的重要组成部分。是新中国工人阶级为中华民族贡献的伟大精神财富，成为激励国人，尤其是石油工作者们努力奋进的无限动力。

（二）宁可少活二十年，拼命也要拿下大油田

“石油工人一声吼，地球也要抖三抖！”铁人王进喜的豪迈誓言，充分表达了石油工人的顽强意志和冲天干劲。

1960 年 3 月，王进喜带领 1205 钻井队从玉门来到大庆。会战时的大庆，没有公路，车辆不足，吃和住都成问题。在重重困难面前，王进喜说：“有条件要上，没有条件创造条件也要上。”他们用滚杠加撬杠，靠双手和肩膀，奋战三天三夜，38 米高、22 吨重的井架迎着寒风矗立荒原。

要开钻了，可水管还没有接通。王进喜带领工人到附近水泡子里破冰取水，硬是用脸盆水桶，一盆盆、一桶桶地往井场端了 50 吨水。仅用 5 天零 4 小时就钻完了大庆油田的第一口生产井。

1205 钻井队的第二口井打到 700 米时发生了井喷。当时没有压井用的重晶粉，只能用水泥代替。但成袋的水泥倒入泥浆池却搅拌不开。危急关头，王进喜奋不顾身地跳进泥浆池，在零下十

几摄氏度的严冬里，用身体搅拌泥浆——这个“铁人”形象，被永远定格在中国石油工业史册上。

在随后的10个月里，王进喜率领1205钻井队和1202钻井队，凭着“宁可少活二十年，拼命也要拿下大油田”的劲头，在极端困苦的情况下，克服重重困难，双双达到了年进尺10万米的世界钻井纪录，为我国石油事业立下了汗马功劳，成为中国工业战线一面火红的旗帜。

1970年，47岁的王进喜因病逝世，“铁人”真的拼掉了20年。他留下的“铁人精神”和“大庆经验”，激励了一代代的石油工人。大庆为他建立起一座漂亮的纪念馆，整个石油战线，对劳动模范最崇高的称呼就是“新铁人”。这个朴实的工人作为工人阶级的先锋战士、共产党人的楷模，受到人民的无比尊敬。

（三）是钢铁硬，还是共产党员的骨头硬

大庆会战时期，水是油田的命根子。朱洪昌带领的工程三大队一中队接到了抢建一条17公里的输水管线，在荒原上打通一条生命线的重大任务。这时，中队除了两台电焊机和简单工具外，几乎赤手空拳。一无运输工具，二无起重设备，怎么才能把2000多根管子从火车上卸下来，在沿线铺开去？“条件是等不来的。”朱洪昌第一个拿起了绳索扁担：“活人还能让尿憋死，没有车，咱们有肩膀，抬！”

供水工程全面铺开了。一次，托管机履带板被钢丝绳卡住变形，工人们商量采用喷灯加热使钢板变直。不料喷灯喷油过多，机车四周燃起大火。朱洪昌不顾危险，冲进一人多高的火焰中奋力扑打，手和脸烧起了串串水泡。大家劝他快住院治疗，他说：“工程这么紧，我哪能离开现场。”最后被“押”到医院简单包扎后，他又马上返回了工地。

▶ 管道局第一任局长，大庆油田“五面红旗”之一：朱洪昌

在施工中，抚顺老家发来了电报，独生子病重住院，经抢救无效死去。妻子也因此精神失常。他强忍悲痛，悄悄藏起了电报，继续在工地指挥生产。过后别人问他：“孩子死了，你不想么？”他说：“孩子死了是一家的事，输水管线建不成，打不出油来是国家大事。”

随着油田开发力度的逐步增大，供水管线经常超压运行，阀门损毁、螺旋口撕裂的情况时有发生。一次，发现有一处焊缝冻裂漏水，为不影响生产，需带压带水补焊。朱洪昌叫来了电焊工：“等我把管子捂住，用手一抹，你就趁着没水这一下子，马上打火！”焊工听了直摇头：“不行！不行！铁都烧化了，你那手还不烧烂了？”朱洪昌严肃地说：“现在水比命还重要。”飞溅的焊花刺穿了朱洪昌受伤的手上缠着的绷带，露出了还未长好的嫩肉。焊工马上停止了焊接，他却说：“现在前线各部门等水等得嗷嗷叫，不能把工期误在我们这儿，今天我就要比一比，是钢铁硬，还是我们共产党员骨头硬！”供水管裂缝终于补上了，朱洪昌志比钢坚的事迹，也随着洌洌清泉，传遍了油田四面八方。

1960 年 6 月 6 日，这条管线被会战指挥部命名为“八一”管线，朱洪昌被授予“钢铁施工队长”称号。1970 年，朱洪昌参加“八三”管道会战，并在两年后，成为燃料化学工业部管道局第一任局长。他所带出的中国第一支专业管道建设队伍，在今后几十年中，始终把这种顽强拼搏、无私奉献精神作为传家宝，让中国油气管道由点到线，连片成网，以 12 万公里管道建设的傲人功勋，成为国家油气管道建设当之无愧的主力军。

（四）一个铁人前面走，千百个铁人跟上来

1960 年 7 月 1 日，大庆会战指挥部召开庆祝建党 39 周年和大会战第一战役总结大会，王进喜、马德仁、段兴枝、薛国邦、朱洪昌被树为大会战的“五面红旗”。他们五人骑马戴花，由领导牵马扶蹬，受到英雄般的礼遇。

前浪滚滚后浪涌，一旗高举万旗红。大庆石油会战取得的突出成绩，得到了毛泽东主席的高度评价。1964 年 1 月 25 日，《人民日报》以一版头条通栏刊出毛泽东的号召“工业学大庆”。以王进喜为代表的石油工人，迅速成为全中国工人阶级的楷模、家喻户晓的标杆和榜样。“工业学大庆”的热潮，对于振奋中国人民自力更生、奋发图强的精神，推进社会主义建设事业，起到了巨大的作用。

1964 年 4 月 20 日，《人民日报》刊发了长篇通讯《大庆精神大庆人》，指出：大庆精神，就是无产阶级的革命精神。大庆人，是特种材料制成的人，就是用无产阶级革命精神武装起来的人。这种精神、这种人，正是我们学习的崇高榜样。第一次提出了“大庆精神”这一概念。

大庆石油会战中形成的“大庆精神”“铁人精神”，集中体现了中华民族和中国工人阶级的优良传统与优秀品质，深深地影响和激励了一代代的石油工人。“一个铁人前面走，千百个铁人跟上来”，在石油工业各条战线上，不断有新的“铁人”出现。大庆有“新铁人”王启民、李新民，管道局有“管道铁人”张吉海。一代又一代石油人胸怀报国情、追逐石油梦。一个个油田相继投产，一座座炼厂拔地而起，一条条管道延伸四方。踏平坎坷成大道，越是艰险越向前，书写了“我为祖国献石油”的壮丽篇章，绘就了一幅新中国石油工业发展的斑斓画卷。

一部艰难创业史，百万覆地翻天人。几代石油人将中国石油精神文化不断传承延续、发扬光大，形成了玉门精神、克拉玛依精神、柴达木精神、八三管道精神、长庆磨刀石精神、塔里木会战精神、海外创业精神等组成的石油精神谱系，而“大庆精神”“铁人精神”作为其根脉和底色，永远是石油人心底深处凝集的红色“石油魂”。

第二节 孕育成型

一、孕育——"八三"会战

凡是建设过中国石油管道的人，
都深深铭记"八三"工程，
深刻懂得"八三"精神。

凡是知道中国管道发展史的人，
都一定知道"八三"工程，
一定听过"八三"精神。

凡是想了解中国管道行业的人，
都必先了解"八三"工程，
了解"八三"精神。

二十世纪六七十年代，大庆原油因铁路运力严重不足而无法畅运，油库爆满，大庆不得不关井限产。"以运定产"的局面严重制约了大庆油田的发展。一边是工人们一个汗珠摔八瓣产出的油运不出去，几百口油井被迫关停。另一边是大连港的油轮一天天等待、抚顺的炼油厂没米下锅、东北重工业基地的骨干企业因燃料不足而被迫停产。告急的电话和电报接连不断地传向北京各部委，直至上报国务院。

1970年，在周恩来总理的推动下，经国务院和中央军委多次

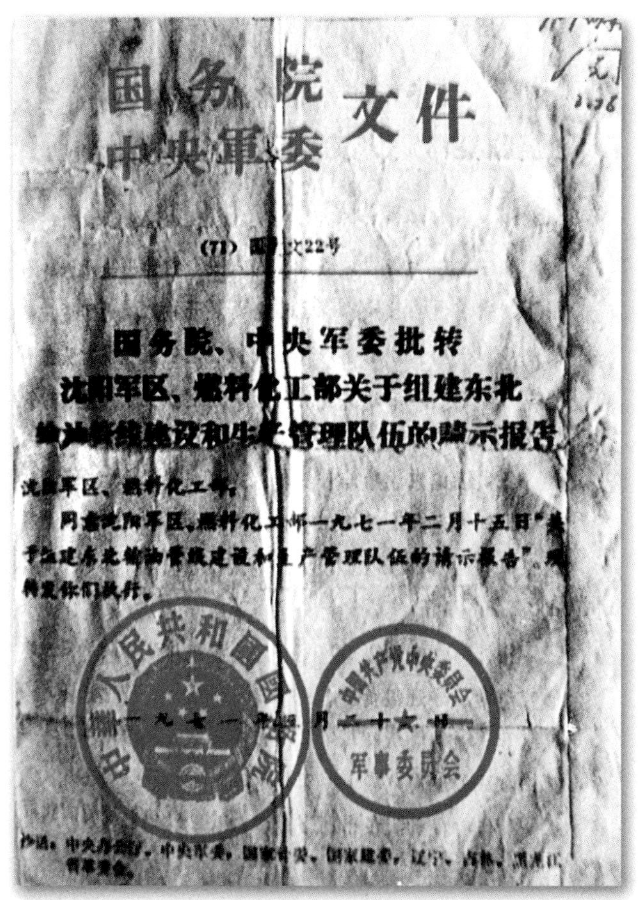
国务院
中央军委 文件

(71) [illegible]文22号

国务院、中央军委批转
沈阳军区、燃料化工部关于组建东北
输油管线建设和生产管理队伍的请示报告

沈阳军区、燃料化工部：

同意沈阳军区、燃料化工部一九七一年二月十五日“关于组建东北输油管线建设和生产管理队伍的请示报告”，现转发你们执行。

一九七一年[illegible]月二十六日

中华人民共和国国务院

中国共产党中央委员会军事委员会

抄送：中央办公厅，中央军委，国家计委，国家建委，辽宁、吉林、黑龙江省革委会。

▶ 国务院中央军委批转关于组建东北输油管线建设和生产管理队伍的请示报告

会议研究，建议敷设东北原油外输管道，建设大连、秦皇岛油码头，海路运输并举，以扭转原油运输的被动局面。毛泽东主席圈阅决定：集中人力物力，力争用最快的时间修建国内第一条大口径输油管道。破解原油外运瓶颈，保证大庆油田原油增产和外输畅通，保证国民经济健康发展。

（一）临危受命

1970 年 7 月，国务院、中央军委联合向国家相关部委、沈阳军区和刚刚由煤炭、石油、化工三家合并成立的燃料化学工业部（简称“燃化部”）下达了《关于建设东北输油管道的通知》。要求用一年左右的时间，首先抢通大庆至抚顺的一期输油管道工程，摆脱大庆原油依赖铁路外运发生的困局。然后继续向海港延伸以便装船南运，缓解华中和华南地区能源不足造成的压力。

鉴于当时全国各地屡禁不止的无政府状态，周恩来总理认为——唯有军队能够担此重任。他亲自给沈阳军区司令员陈锡联打电话，责令沈阳军区牵头组织设计施工，务必要保证这项国字号的大工程万无一失，如期竣工。

临危受命，陈锡联司令员立即将在辽西地区主持战备工程施工的沈阳军区副司令员肖全夫紧急召回。

肖全夫副司令员是开国少将，从红军时期到抗美援朝，身经百战，战功赫赫，1969 年 3 月又指挥珍宝岛对苏自卫反击战取得胜利，受到中央军委嘉奖。他熟悉东北地区的自然环境，有指挥大兵团联合作战的实际经验，挂帅穿越黑、吉、辽三省的管道工程非他莫属。

▼ 东北"八三"工程领导小组组长肖全夫（前排左 2）在"八三"工程前线

1970 年 8 月 3 日，大庆至抚顺输油管道工程第一次会议在沈阳军区第四招待所召开。会上宣布成立东北管道建设领导小组，任命肖全夫为组长、燃化部副部长张文彬、沈阳军区政委李少元、沈阳军区副参谋长罗坤山为副组长。设立工程会战指挥部，由王云午任指挥（时间不长即调离，由王培德任指挥），邓聪任政委，王培德、张志成、唐振华、张振勇、李占标、张福录等人任副指挥。

就是这次会议上，肖全夫提议：“今天是 8 月 3 日，用我们部队的话来说，这项建设就叫会战吧，八三会战！”就这样，东北管道建设工程拥有了一个未来中国管道运输行业最崇高的名字——“八三”。

（二）铺设输油管线不仅是经济问题，而且是一项政治任务

作为中国第一条大口径输油管道，“八三”工程上马时，国内一没有勘察设计和施工队伍，二没有制造过专用管材和附件的工厂，三没有任何建设这种大工程的经验。与人才、资金、设备、物资相比，最稀缺的还有时间，东北的气候半年严寒，可供施工的日子一年超不过 200 天。中央指令只给了一年，管道能否如期开通？

国情军令刻不容缓，赤手空拳困难重重，领导小组和指挥部的人们在想什么呢？工程领导小组的第一次会议纪要中，有这样的记录：

——会议认为，铺设输油管线不仅是经济问题，而且是一项政治任务，必须高举毛泽东思想伟大红旗，突出无产阶级政治，坚决贯彻毛主席“备战备荒为人民”的伟大战略方针。

——与会同志一致表示，坚决遵照毛主席“看来发展石油工业，还得革命加拼命”的教导，发扬两不怕的革命精神，以战斗的姿态，跃进的步伐尽快建成我国这条最长最大的输油管线，为伟大领袖毛主席争光，为伟大的社会主义祖国争光。

是的，"八三"工程这块硬骨头，必须啃下来！

参建部队把"八三"称为"和平时期的辽沈战役"，是真地当成"仗"在"打"。工程以部队的习惯来命名，用"指挥部"称呼项目部，石油系统和地方的参建队伍，也按照军队编制，归到"技术营""民兵营"……

8 月 15 日，国家计划委员会下发《抢建东北输油管线问题会议纪要》，全盘批准了"八三"工程指挥部呈报的行动方案。肖全夫、张文彬即刻带领线路勘察设计组实地选线，他们从大庆油田出发，乘汽车、坐飞机，丘陵地带徒步踏勘，7 天时间行程 600 多公里，确定了管道的基本走向。

8 月 23 日，张文彬在沈阳召开会议，对穿越嫩江地点和沿程泵站选址等关键工程设计作了进一步的细致分工。一个月左右的时间，"八三"工程一期总图跃然成形，速度史无前例。

1970 年 9 月，"八三"工程第一期——庆抚线开工建设。当时，"文化大革命"还在继续，群众派性斗争、工厂停产闹革命、混乱的政治局面，严重干扰了社会主义经济建设工作。为顺利抢建管道，肖全夫顶住压力，果断提出"八三"工程不搞"文化大革命"，获得了领导小组全员赞同和军区党委认可支持。一期工程指挥部设在了大庆油田 2 号院，实行全面军事化管理，挡住来自"文化大革命"逆势的干扰。保证了刚刚从"牛棚"中解放出来的管道建设专家唐振华、化工专家张昭明、力学专家潘家华等宝贵的技术人才在不被干扰的环境下开展工作。

一次，"造反派"追到"八三"工程指挥部叫嚣，要把"反动学术权威"揪回原单位批判"唯生产力论"。肖全夫火了，拍着腰间的手枪，挥着拳头大吼："'八三'工程是党中央、国务院批准的重点战备工程，所有参加人员都经过了严格的政治审查，你们无权揪斗，谁要是敢乱动，就是妨碍我执行军务，严惩不贷！”大将之风，正义凛然。

非常时期非常手段。戎马半生的肖全夫副司令员，以再度组织辽沈战役的胸襟和气魄运筹帷幄。为了按期完成建设任务，肖全夫提出了“抢、闯、好”和“借、贷、垫”两个口号。“抢”，是要求庆抚线在一年时间内必须建成投产；“闯”，是针对没有经验提出的，在干中闯出一条路子；“好”，是要求工程质量要经得起时间的考验。“借、贷、垫”讲的是怎么充分挖掘潜力，能借的则借，能贷的则贷，能垫的则垫。简单的六个字，把什么叫“有条件就利用条件，没有条件就创造条件”交代得明明白白。当时有句顺口溜：“‘八三’工程，不讲理，没有计划往里挤，完不成任务发脾气，真是惹不起。”生动地记录了这一段非常岁月。

▲ 1971 年 11 月 7 日，在抚顺召开东北地区输油管线第一期工程总结大会

（三）不见石油流，誓死不回头

“八三”会战是在环境和条件极其艰苦的情况下展开的。本来干管道就比油田更苦。油田找到一个地方还可以相对固定下来。而管道每焊接完一道焊口，人就要随着施工进度逐步向前推进，都是打野战。何况还是在物资极度匮乏的20世纪70年代初。

当时，施工队伍首先面临的是生活条件的艰苦。管道工地距离城镇村庄都比较远，工人就在管线周围挖地窨子、支帐篷、搭板房、建干打垒。夏天，蚊子小咬儿铺天盖地，把人叮咬得痛痒难忍，冬天，最冷时零下30摄氏度，草原上积着厚厚的雪，群狼的脚印就留在门口。

▼“八三”会战的工人、民兵、解放军都住在帐篷、地窨和板房里

工人们每天干的都是重体力活，但每月只有三两油、半斤肉，顿顿吃的都是咸菜窝头和“顽固不化”的高粱米、“死不悔改”的白菜帮。冬天，热气腾腾的饭菜送到工地已经凉了，还得吃快点，要不很快就会冻成冰疙瘩。

缺水是常态。工人每天干十几个小时，满身泥土满身汗，想下工回来洗个澡是件奢侈的事。如果赶上营地附近有大水泡子，那可就非常幸运了。荒原上的水泡子里，最常见是野鸭子，于是吃水泡子里的水便被大家戏称为喝“鸭子汤”。到了冬天，天寒地冻，想喝上一口“鸭子汤”也不容易了。男同志们就将厚厚的冰层砸成一块一块，用麻袋背回来。女同志们每天天还没亮就争着起床，抢着用炉子给大家“化水”做饭和洗漱。工人们形象地总结，东“八三”两大怪：狗皮帽子反着戴，冬天吃水用麻袋。

每个老“八三”，都有一肚子这样的故事，大家都这样顽强乐观地笑对“缺衣少粮”的生活窘境。真能让他们着急上火的，是干起活儿来的“缺枪少炮”，用老“八三”们的话说，就是“交通靠走，通信靠吼，挖沟靠手，运管靠牛”。工程建设期间，人们除

▲ 用牛车倒运钢管

了克服生活上的艰苦，更要应对设备奇缺、材料不足、技术低下、经验空白等诸多问题，干成了许多在今天的人们难以想象的事情。

庆抚线管道和储罐基础土石方量达 600 万立方米。没有挖掘设备，全靠人工一锹一锹挖，一担一担挑。各连开展了劳动竞赛，凌晨 3 点出工，晚上 9 点才歇。白天挥汗如雨，晚上点起篝火夜战，沟上沟下，沟里沟外，千军万马都在为一件事忙碌着。铁锹头磨得只剩半个，用坏的土篮、压断的扁担数不胜数。有的人鞋帮蹬坏了，就将鞋底绑在铁锹上，光着脚板蹬铁锹挖，称为“铁脚板”。有的战士在挑土篮时，肩膀压出血殷，又磨成老茧，被群众称为“铁肩膀”。从工地到营房不到 300 米，但为了赶进度，工人们每天两顿饭都在工地上吃。“八三”战鼓催人，民兵们平均每人每天挖土 18 立方米，大大超过了每人每天 3 立方米的指标，最

▲ 千军万马，手挖肩挑，平均每人每天挖土 18 立方米

高创造出了每天挖 38 立方米的纪录！在嫩江沼泽地开挖时，民兵们用脸盆淘，用草袋装，硬是挖出一条 20 多公里的管沟。经过近两个月的艰苦奋战，终于完成了全部开挖任务。

没有专用运管车，汽车运管又供不上焊接，就设法找来牛车、驴车往工地上运送管子；没有对口机，就采用三脚架、倒链等简单工具吊管，用大螺丝刀对口，点焊固位。建泵站需要大量的砂石料，运料的船泊在江边，不管你卸完没卸完，到点就开走。大师傅就将饭送到江边，工人倒班吃饭，卸料一刻不停。老“八三”王有发回忆说，那就像部队抢险一样。有一次，他和一个工友用 40 多分钟卸完了 60 吨的沙子，平均 2 分钟 1 立方米！有的人竟能一下挑起 9 个土篮，200 多斤，还一路小跑，由此形成了“挑土篮”精神。

“不见石油流，誓死不回头”，“八三”工程的建设者们只有一个信念，必须又快又好地把管线建成。在“铁人精神”“革命加拼命”的精神激励下，顽强拼搏、艰苦创业，硬是让“八三”管道如期贯通！除了中国，世界上恐怕没有一个国家能靠马车和人拉肩扛建成一条管道，这种“艰苦创业”的精神，不仅是中华民族的优良传统，也是“八三”精神的基石，是管道事业发展的基础。

（四）只要脚踏实地就能成功

大庆至抚顺管道是我国第一条跨区域性的长距离、大口径原油管道，一切从“零”起步。“八三”工程建设队伍以毛泽东主席《实践论》为指导，以实事求是的工作作风，号召大家要以“抢时间、争速度、争主动、闯路子、闯经验，坚决把好质量关”的原则，真抓实干地解决工程中出现的各种实际问题，实现了从“0”到“1”的突破。

整个管道工程被划分为管道敷设、泵站建设、试运投产三个阶段。按1971年底前完成抢建管道任务的要求，针对东北地区的自然条件，特别要求不能延误农时，影响农民的春耕春播。指挥部领导因时、因地制宜，周密运筹，排出工程总体进度时间表，以集中兵力打“歼灭战”的战略、战术思想，组织施工。

“兵马未动，粮草先行。”可是在抢建管道的“人民战争”中，“兵马”先动起来了，而“粮草”还没有着落。当时国家只管拨给钢板，输油管道最重要的几百公里720毫米钢管怎么在短短几个月内造出来，还得自己解决。张文彬带上相关技术干部来到了我国当时唯一的钢管制造厂——陕西宝鸡石油钢管厂，实地考察当时国内仅有的一台从苏联买来的卷焊529毫米的制管机组。研究制订改制方案，实地测绘生产线设备图纸，再到多个制造厂家订设备，组装钢管生产线，试运投产制造合格钢管。改造成功后，在东北三省仅用四个月时间建成同样的七个制管厂。工人、技术人员以革命闯劲，抢时间、争速度，不到半年时间，终于批量生产出合格钢管，供全线施工需要。

除了钢管，大型输油泵、电机、阀门等关键设备的制造安装也都是这样。闯过现场踏勘、组织设计、确定工艺数据、研究试制道道难关，逐次攻克技术难点。没有经验，就从实践中寻找。如设计输送“三高”原油管道，选择总传热系数来计算泵站和加热炉负荷，没有现成的数据就靠现场测试。张文彬亲自率领设计人员到大庆油田对已投产的输油管道实地挖出测试，根据投产管道周围强度场形成状况，测量推算出总传热系数的正确值。同时发现，沥青防腐层对管子保护得很好，管子周围的黏土都已“陶化”，形成了一个很坚固的外壳，它可保护管子的温度不易降低，使原油在管道内不易凝固。根据实地考察结果，成立了防腐涂料攻关小组，试制成功了适合严寒条件下加热输送原油的改性石油沥青为管道防腐涂料，确定了普通钢管达到沥青浸透三层玻璃布的防腐方案，并探索出一整套质量标准。40多年后管线更新，发现当时的防腐层仍基本完好。

“八三”工程学习大庆会战“两论起家”拿下大油田的榜样，以“重实际，求真务实”的科学态度，以现场试点为基础，边干边学，边摸索边总结经验。树样板，以点带面，指导管道工程施工。1970年10月，“八三”工程领导小组在大庆组织召开了第一次工程现场会，会上拿出了六个样板，即一套完整的施工方案，一台卷管机现场生产，一段防腐好的管子和防腐作业表演，一段开挖规范的管沟，一处铁路、公路穿越示范表演，一处按标准敷设的管段和焊接操作表演，并有相应的文字资料，因此又称“六有”现场会。这次现场会使与会人员增强了实感，受到了施工培训。此后，各施工阶段，各项工程，“组织示范试点，树样板，出经验，从实践中取得真知，然后开现场会，培训干部，进行推广”成为惯例，先后召开了抢建泵站现场会、管道防腐作业线建设现场会、制管现场会、管道敷设现场会和联合试运现场会等。通过总结现场会经验，制定出了一套完整的管道施工规范，对全线建设起到了巨大的推动作用。

在“八三”管道会战中，不光有指挥部的坚强领导运筹帷幄，有技术专家攻克科研难题，广大普通工人也充分地展示了劳动人民的实践智慧。现场没有施工机具，每根重1.7吨的钢管装不到马车上，大家创造了“滚杠装卸法”“拔杆装车法”“高站台低货位装车法”这些“土”办法，不仅可以靠人工装单层管，还可以架设三层炮车。管子下沟靠三脚架和人工倒链手工完成。“八三”人就这样在干中学、学中干，最终闯出了一条建设长输管道的路子。

工程领导小组副组长张文彬说：“只要脚踏实地就能成功。”一切真知都要通过不断摸索，在反复实践中获得。“勇于实践”是马克思主义的根本特征，是“八三”精神的关键，是解决困难的科学途径。可以说“八三”工程的胜利是尊重科学、注重实践的胜利，尤其是在当时“假大空”成风的状况下，石油人以自己的实际行动，表述了尊重科学、尊重知识、实事求是和实践是检验真理标准的观点，为我国管道事业的发展提供了极为宝贵的经验。

（五）打一场管道建设的人民战争

“八三”工程的建成是从中央到地方，从军队到百姓团结协作的结晶。

1970 年 8 月中旬，国家计委同国家建委、财政部、冶金部、一机部、外贸部、燃化部等单位召开联席会议，共同研究议定了“八三”工程的有关问题。仅仅十几天后，国家计委就将这项工程补入当年国家重点工程计划，划拨了管道永久用地，在工程的经费和物资方面给予重点保障。国家各部委大力支持，工程所需统管物资按计划批拨下来。各省物资部门、石油系统物资部门和军队后勤部门所属各仓库敞开大门，优先为“八三”工程提供所需要的各类物资，就近迅速为工程筹集了 10000 多立方米木材和数千吨钢材。邮电部也抽出一个工程处配合通信工程的施工。

中央军委从 3 个省军区、2 个野战军和 17 个军分区抽调了 40 余名师职干部，动用了 10 个陆军师部分兵力和 3 个工兵团、2 个舟桥营、2 个架线连、3 个汽车连和部分测量、通信、潜水人员直接参与攻坚，并担负了挖石方段、凿山洞、嫩江穿越等最重要、最困难、最危险的地段施工任务。部队的直升机也参加了会战。

▲ 军队、民兵、技术工人一起开赴“八三”工程前线

制管机组制造，大输油泵、大电机、大阀门的研制等关键节点均由驻厂军代表负责协调完成。

石油系统是骨干。1971 年的元月份过春节，2 月份“八三”工程全线复苏，敷设管线的施工大会战分三段同时开工。辽宁石油五厂、石油六厂、锦西化工厂和化工机械厂等单位的施工人员组成一大队，承担辽宁省境内 194 公里敷设任务；从四川远征而来的基建大队承担吉林省境内 306 公里敷设任务；大庆油田油建三大队承担黑龙江省境内 160 公里敷设任务。春寒料峭，冰雪未融，从全国各地调来安装施工队伍分片包干，电焊弧光日夜闪烁，辐射的热量温暖了广袤的黑土地，连接起来的钢铁长龙每一天都以刷新纪录的速度挺进。

管道建设得到了沿线地方的大力支持。省、市、县，各级大大小小“八三”指挥部纷纷组建起来，“八三”工程家喻户晓，出现了人人争取为“八三”做贡献的良好局面。地方的物资部门为“八三”工程打开了提供物资的绿灯。哈尔滨、吉林、锦州等市包建了9座输油泵站安装，两座油库也由当地“八三”指挥部负责完成。地方电力部门组织了54个电力局、公司，配合解放军通讯部队，完成了电力、通信等管线配套设施。许多工厂不再“停产闹革命”，“对立派们”停止斗争，团结行动起来。吉林省安图县电焊机厂承担了50台电焊机的制造任务。沈阳市街道厂的妇女仿制生产出了末站微型开关。哈尔滨一个街道工厂用大锤代替压力机，生产出了大电机的端环。

管道沿线的群众更是把支援“八三”工程视为无上光荣。不少人参加了义务劳动，光管沟开挖就组织出动了18万民兵。出现了父送子、妻送夫、兄弟争相报名，父子、夫妻一同上阵的热烈情景。各路队伍打着“民兵连”红旗，从四面八方涌来。解放军与农民完全融合，一起奔赴施工前线。大部队首尾相接，车水马龙，人们敲锣打鼓、夹道欢送。许多村子的生产队长半夜起来扬场，把上风头的粮食装进麻袋放在插满红旗的牛车上，连同经过挑选的青年，送上“八三”工地。吉林新庙站在浇筑混凝土时急需热水，附近村民得知后，争先恐后把烧好的热水挑到工地上。民兵们掀起了冬季开挖管沟、土方的劳动竞赛热潮，分段包干在封冻之前顺利完成了任务。

“八三”工程是“工农兵”三结合，军民团结协作的丰硕成果。“团结协作”是社会主义制度的固有优势，是“八三”精神的支柱，是战胜困难的巨大力量，支撑着大家万众一心，打赢了这一场管道建设史上的“人民战争”。

（六）不讲条件的好坏，不计个人得失

在“八三”会战中，无论是干部、工人、民兵还是军人，都怀着对党的忠诚、对祖国的热爱，不讲条件的好坏，不计个人得失把全部精力都投入到了这场火一般的战斗中。面对艰苦的生活环境和困难的工作条件，所有参战人员都能够无私奉献，涌现出了许多感人的事迹。

工程副指挥王培德 1942 年参加革命，副军级干部，在抗日战争、解放战争和抗美援朝中多次荣立战功。在“八三”工程会战的 5 年里，他以身作则，雷厉风行，为大家树立了榜样。1975 年，铁大线通球扫线在穿越熊岳河时受堵，得进人检查。管道内一片漆黑，有水而且氧气不足，危险性很大。已经年过半百的王培德副指挥决定自己进去。他腰系钢丝绳，手拿手电筒，趴在用四个小轴承做的小滑车上，一点儿一点儿地在管道里爬行。外边的人都非常紧张，盯着钢丝绳一米一米地被牵进管道。在爬进管道五六十米的地方，他终于找到了障碍处。当满身泥水的王培德从管道里爬出来时，人们一阵欢呼。王培德却顾不上高兴，立即组织排除故障，保证了按期投产。

铁岭泵站站长戴增文患有严重的心脏病。1972 年，正当泵站进入运行时，他的心脏病进一步恶化，常常疼得直流汗，领导和身边的同志劝他去医院，但他说眼下正忙，等忙完了再说吧。就这样一直坚持着。不久，在一次开会时，他的心脏病再次发作，永远地倒在了他舍不得离开的工作岗位上。副指挥张福录多年以后仍清晰地记得这位逝去的战友，他非常感慨地说：“戴增文站长牺牲在工作岗位上，令人心痛。可他的精神却活在我的心里。”

会战初期，技术跟不上，施工设备也没有，管子下沟只能将管子滑进沟内。副指挥朱洪昌等人发现，使用这种方法对管子的质量会产生影响，因此琢磨出了将管子吊在三脚架上，用人工倒链的手工作业方法。这个方法一根管子需要6组12个人同步操作才能下沟，还得胆大心细，如果谁一着急，6组不同步，管子下不齐也会有损失。只要有机会，朱洪昌总亲自上手，要和工人们一起完成才放心，一天下来，往往累得躺下就睡着了。就这样，平均下来一天也只能下沟2公里左右。有的管段地下水位浅，挖沟时要边挖边拿脸盆清理管沟内的水，每个人全身上下都是泥，只有两只眼睛是亮晶晶的。在管线投产试压时，一个阀门垫突然坏了，水很大，工人们都不敢动。朱洪昌见水越来越大，再不处理将无法试压，后果不堪设想。他立即跳到泥水坑中，像当年的王进喜一样，把阀门修复了。当朱洪昌赶到等他开会的会场时，大家见到的是一个泥人。

沈阳技术营有一位非常优秀的女焊工叫刘淑琴，当时30多岁，已经是5个孩子的妈妈。铁岭至抚顺管线建设中，她就在离家不远的地方施工，却很少回去看孩子一眼。有一次领导到现场检查施工进度时，才知道她已50多天没回家了。大家都被她这种只争朝夕、无私奉献的革命精神深深感动。

下放在大庆设计院磨豆腐的张昭明，来到"八三"工程后，全身心地扑在了工作上，被任命为总工程师。他先后解决了输油泵滚珠轴承破裂等技术难题，研制成功了串联泵匹配密闭输油工艺，解决了输油中许多重大技术问题。和他一样戴着各种"帽子"的科技人员们，一心只想设计出最完美的图纸，算计出管线输油后的最佳效益，拿得出最过硬的科研项目。

重点工程，领导干部总是指挥靠前，坚持在工地上。住在公社的车马店，睡大通铺间，和工人一起在大食堂吃饭，没白没黑地在工地上奔波，有的一个月没脱衣服睡过囫囵觉。70年代的工资很低，没有加班费，更谈不上奖金，没有节假休息日，民兵挖一立方米土才挣几毛钱。有些职工父母生病或妻子生孩子，也没时间去照顾。大家把建设好输油管道看作是自己的天职，不讲条件的好坏，不计个人得失，充分体现了无私奉献的“八三”精神。

“无私奉献”是中国共产党的精神基因，是“八三”精神的底色，是管道人最高的精神境界，激励着一代代石油管道人以“我为祖国献石油”为光荣使命，为国家的能源安全不断贡献新的力量。

（七）有一种精神叫“八三”

1971年11月7日，大庆—抚顺石油管道投产。这条跨越东北三省的地下管道全长668公里，年输原油2000万吨。投产之日即是解困之时！

▼ 1971年11月7日6时25分，大庆的原油顺利到达抚顺末站

此后 4 年时间里，“八三”工程第二期建设展开。抚顺至鞍山、铁岭至秦皇岛、大庆至铁岭（复线）、铁岭至大连、丹东至朝鲜的 5 条输送大庆原油的管道，输送辽河油田原油的盘锦至锦西管道，石油二厂至辽宁电厂的燃料油管道全部建成，“八三”会战全面胜利！经过 5 年多时间奋战，共建成 8 条，总里程 2471 公里的管道，东北输油管网建成，彻底解决大庆原油外运问题。取得了很高的经济效益，有力地支援了国民经济恢复和发展。

“八三”会战结束了，但“八三”工程的影响却长久地持续着。朱洪昌说：“‘八三’是一项真正的‘四个一’工程。”形成了一种精神、发展了一个新行业、造就了一支队伍、拥有了一套技术。“八三”工程探索出了长距离、大口径输油管道建设和营运的整套经验、技术、标准；培养了一支技术过硬作风顽强的管道职工队伍，中国石油管道事业从此奠基，奏响了能源国脉从无到有、从小到大、从弱到强的宏图华章。

“八三”也成为中国管道运输行业的第一个文化标识，东北管网叫东“八三”、沿线修建的伴行路被称为“八三”路，给地方援建的小学叫“八三”小学、修建管道的人被称为“八三”人，数十年后，又被人们亲切又崇敬地称为老“八三”。他们在会战中表现出来的“为国解忧，敢挑重担；尊重科学，勇于实践；求真务实，真抓实干；团结协作，拼搏奋进；艰苦创业，无私奉献”这些革命加科学精神，也被人们统称为“八三”精神。并在不断的实践中，最终总结凝练为“艰苦创业、勇于实践、团结协作、无私奉献”16 个字。这种精神，被“八三”人当成了传家宝，“条条管线辈辈传”，在半个多世纪中作为宝贵的精神财富，成为矗立在中国石油管道人心中的一座丰碑。

二、萌发——管道局的成立和鲁宁管道

“八三”管道建成，中国的输油、输气管道建设拉开了序幕。国家运输协会很快便将管道列为与铁路、公路、水运和航空相并列的第五大运输行业。而管道投产后的货物运输量也很快超过了航空业，排到了第四位。

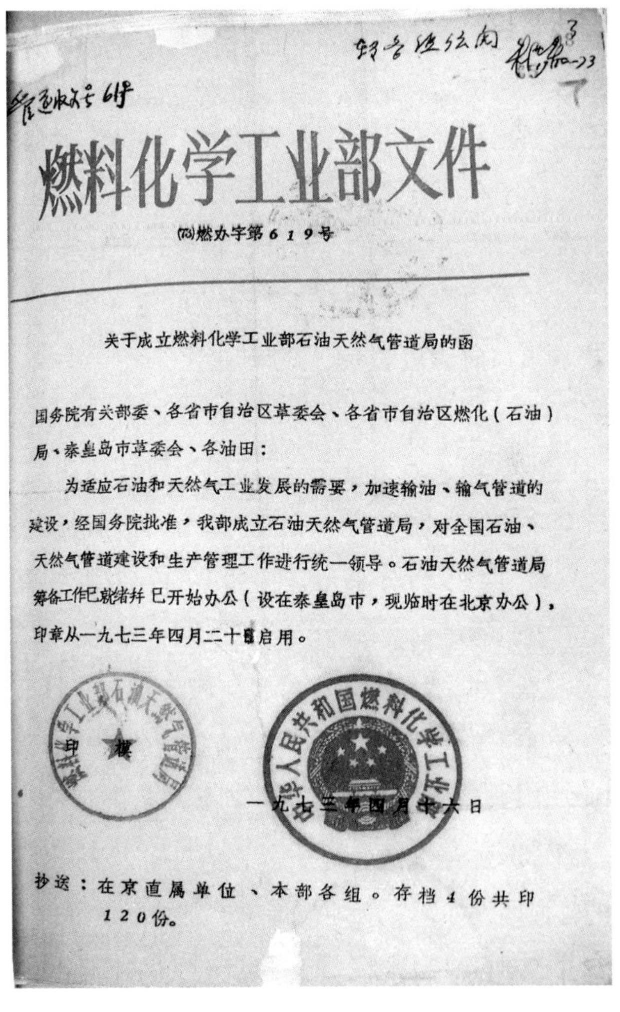

燃料化学工业部文件

(73)燃办字第619号

关于成立燃料化学工业部石油天然气管道局的函

国务院有关部委、各省市自治区革委会、各省市自治区燃化（石油）局、秦皇岛市革委会、各油田：

为适应石油和天然气工业发展的需要，加速输油、输气管道的建设，经国务院批准，我部成立石油天然气管道局，对全国石油、天然气管道建设和生产管理工作进行统一领导。石油天然气管道局筹备工作已就绪并已开始办公（设在秦皇岛市，现临时在北京办公），印章从一九七三年四月二十日启用。

印模

一九七三年四月十六日

抄送：在京直属单位、本部各组。存档4份共印120份。

▶ 1973年4月16日，燃料化学工业部批准管道局成立

按照燃化部副部长、“八三”工程领导小组副组长张文彬的提议，1973 年 4 月 16 日，国务院决定将长输管道建设由突击会战转为正常有序，批准了《成立石油天然气管道局作为职能机关，负责领导全国石油天然气管道的统一建设和生产》的报告，正式成立燃料化学工业部石油天然气管道局，对全国石油、天然气管道建设和生产管理工作进行统一领导。中国集工程建设和管理运营于一身的第一支专业化油气管道队伍诞生了。

管道局是在东北“八三”输油管线会战队伍的基础上建立的。曾任“八三”工程副指挥的何承华、朱洪昌分别被任命为管道局党委书记和管道局局长，从各油田抽调过来参加会战的施工队伍中，辽宁石油五厂、六厂组成的一大队，四川油建组成的二大队，大庆油建队伍组成的三大队，被整建制化转入管道局成为管道一、二、三公司。经过“八三”会战的这 3 支队伍，练就了一身过硬的本领，成为管道施工的专业化公司，后来成了管道局的王牌队伍。

1973 年 5 月 25 日，管道局筹建处在廊坊组建。3 个多月后，一套完整的基地规划方案跃然纸上，同时征购土地 2200 亩用于基地建设。数以万计来自全国各地的管道人汇聚廊坊，开始了中国管道事业的第二次创业。

“油龙起舞始维艰，披荆斩棘不畏难。功成远虑谋发展，再谱新篇迎百年！”此后，这支军魂犹在的无畏之师继续驰骋在辽阔的国土上，建成了一条又一条钢铁大动脉，为中华民族的伟大复兴源源不断输送能源和动力。伟大的“八三”精神，也在如火如荼的管道建设中，不断地被传承、总结、发展、升华。

1974 年 12 月 26 日，毛泽东主席在他生日当天，圈阅批示建设山东临邑至上海的管道，即鲁沪线。后线路变更为山东临邑至江苏仪征，改称鲁宁线。工程于次年10月20日开工，1978年7月15日投产。

鲁宁线为国家大型项目，是管道局成立后建设的一项重要工程。管线全长665.37公里，管径720毫米，设计压力4.2兆帕，年输油能力约2000万吨。建成后，将很大程度上改善上海、江苏、浙江、安徽和武汉等省市的燃料供应，对扭转北煤南运和促进这些省市的工农业发展发挥巨大作用。

全线设有临邑首站（油库），齐河、长清、宁阳、邹县、滕州、贾旺（原名铜山）、睢宁、泗县、泗洪、盱眙、六合等11座中间热泵站，仪征末站和江边计量站。有线路截断阀室5座，阴极保护站13座。管线共穿越包括黄河、大运河、淮河在内的大中型河流46条。胜利油田原油通过东营至临邑管道、华北油田原油通过沧州至临邑管道进入鲁宁线。工程建设的复杂程度，大大超过了东北“八三”工程。

▲ 鲁宁线开工剪彩

鲁宁线建设的主力均为东北"八三"指挥部的设计、施工队伍。工程建设指挥部由管道局、东北"八三"工程指挥部和胜利油田联合组成。指挥部党委书记由管道局党委副书记贾振礼兼任，指挥部指挥由管道局局长朱洪昌兼任。施工队伍从白山黑水转战南下，很快在全线打火开焊，到 1975 年底，开焊仅 70 天，就完成主体管线焊接 303 公里，超当年施工计划 120 公里，到 1976 年 4 月，主体管道敷设完成。

和"八三"工程一样，鲁宁线也得到了地方政府和群众的大力支持。按"八三"工程的经验，山东、安徽、江苏三省都成立了管道建设指挥部，负责省境内宣传群众、组织民兵、协调关系和地方物资的供应。管道需要安装各种大小设备 13000 种，这样庞大数量的物资在短时间内汇集到鲁宁线工地，困难很多。全国各行业职工得知这是毛主席、周总理亲自批准的重大工程，都大力支持和协助。许多工厂优先安排生产，铁路部门优先安排运输，全国有 44 个中央、省级和地县企业单位直接或间接参加了管道建设，有 28 个省市自治区 970 多个厂矿企业为管道建设提供过大小设备器材。沿线 3 省 19 县，积极组织民工支援管沟开挖和土石方回填，民工们为能给管道建设出力感到十分自豪。和"八三"工程时一样，也出现了祖孙三代、夫妻双双冒严寒，迎风雪参加战斗的景象。参建队伍将鲁宁管道会战称为新时期的"淮海战役"，工人和民工队伍都充满斗志、群情激昂，喊出了许多响亮的口号。

1975 年，华东指挥部党委书记贾振礼在一线调研中，留心到了工人们自发喊出的这些豪言壮语，根据当时工程建设的特点，将已有的口号整合，在江苏翟山工程建设基地悬挂出了"长输为业、四海为家、野战为乐、艰苦为荣"的大幅标语。从"八三"工程走出来的管道建设队伍对这样的口号有全面的认知和深切的认可，大家深受鼓舞，干劲更足了。

在这之后，管道局党委经过总结研究，把这个口号调整为“管道为业、四海为家、艰苦为荣、野战为乐”，成为人们熟知的“四为”。其实质，是对“艰苦创业、勇于实践、团结协作、无私奉献”的“八三”精神的继承和发展。作为管道建设者奋战的口号、光荣的写照，“四为”具有鲜明的行业色彩和职业特征，反映了管道局成立、新中国管道行业形成时期，管道工人取得身份认同的高度职业自豪，具有鲜明的时代特征，为“八三”精神的继承发展赋予了新的内涵。

“四为”是管道局成立以后凝练的第一个文化理念。从对“八三”精神的思考总结到“四为”的提出整合，管道人完成了从自发到自觉地“以精神力量推动事业发展”的关键一步。随着时代的发展，国家能源行业几经改革调整，中国管道运营建设队伍由管道局一家企业，发展为一个拥有诸多优质企业的成熟行业。也在数十年间，涌现出很多英雄壮举，绽放出朵朵精神之花。但追根溯源，“八三”精神和后来的“四为”，是所有中国管道建设队伍的“根”和“魂”，是中国管道运输行业不断发展壮大的源头活水，鼓舞着一代代管道人，以“我为祖国献石油”为光荣使命，不断从胜利走向新的胜利。

第三节　传承发展

东北管网建成后，管道人又相继进军华北、华东、西北等区域，将分布于祖国大江南北的各大油田与炼厂连点成线，初步构建了国家管网，开创了中国现代管道业的新纪元。从 1973 年到 1998 年近 30 年里，国内所有长输油气管道均由管道局统一规划、统一建设、统一管理、统一运营。管道人不忘初心、艰苦奋斗，用自己的双手在祖国辽阔的版图上描绘了一幅幅壮丽的画卷，建成了横跨东西、纵贯南北、连通海外，长度达四万八千公里的油气管道干线运输网，建设与运行并重，成为我国石油天然气运行管理与管道建设的主力军。

在这 50 年的奋斗历程中，“八三”精神代代传承，作为管道人精神之源，不断为管道局在各个发展时期的发展提供给养，孵化出一个个底蕴深厚、深入人心的企业文化结晶，催生着新时代管道精神。

一、“管道为业、四海为家、艰苦为荣、野战为乐”成为管道局的文化标签

1973—1988 年，管道局相继建设了鲁宁线、任京线、马惠宁线、克乌线、中开线、中沧线、东黄复线、花格线、阿赛线等输油、输气管道。这 15 年间，管道局一面搞管道建设，一面搞运行管理，有力推动了国家管道输送事业大发展。1988 年 12 月，为适应改革开放和社会主义市场经济的需要，石油工业部职能转

变，变更为中国石油天然气总公司，管道局随之更名为中国石油天然气总公司管道局，负责油气管道的建设和运行管理，成为正式走向市场的国有大型企业。1992 年，管道局更名为中国石油天然气管道局，此后至 1998 年的 6 年时间里，管道局自营长输管道 5800 余公里，年输油能力 1.1 亿吨，年输气能力 4 亿立方米。输油气单位分布在 15 个省、市、自治区，拥有各类输油气站、库 121 座。工程方面，先后建设哈依煤气管道、轮库线、塔轮线、克乌复线、库鄯线、陕京输气管线等，油气管道由东北向华北、华东、中原、西北等地延伸，初步形成了支撑国民经济发展的油气管网大动脉。

1998 年 7 月 29 日，国务院决定成立中国石油天然气集团公司，同年 11 月 26 日，中国石油天然气集团公司决定将东北输油管理局、西北石油管道建设指挥部、北京天然气集输公司划归管道局统一管理，管道局成为集团公司专业化的管道企业，对集团公司所有油气管道实行统一规划、统一建设、统一管理、统一运营。

这一阶段，鲁宁管道时期形成的“管道为业、四海为家、艰苦为荣、野战为乐”，因其鲜明的行业特色、生动的实践写照和强烈的职业自豪感，成为管道局传播度最高，在整个石油管道行业具有重要影响力的文化标签。

“管道为业”是管道人的职业定位和敬业态度；

“四海为家”是管道人的行为轨迹和开放胸怀；

“艰苦为荣”是管道人的职业特点和拼搏精神；

“野战为乐”是管道人的工作性质和乐业境界。

筚路蓝缕的创业历程中，“四为”激励着管道人认真贯彻“完善油网、发展气网、延伸主业、开拓国际"的战略方针，成为我国石油天然气管道建设与运行管理的主力军，迎来了输油气管道全国"一盘棋"的辉煌鼎盛时期。并在之后数十年的岁月中，成为管道局改革发展道路上永不衰竭的力量源泉。

二、"创新思维、实现超越、争雄国内、走向世界"是管道局绝地重生的精神动力

1999 年 7 月，集团公司业务重组，单独成立了中国石油管道公司，管道局一夜之间失去了赖以生存的输油输气核心主业，剩下的勘察设计、安装施工、技术服务、通信、机加修造、后勤服务等业务生产经营性资产创效能力差、冗员过多等历史积累矛盾突现，企业面临生存与发展的严峻挑战。危难之际，管道局党委深度研判形势，并迅速组织开展了"生存与发展新思路大讨论"，认清形势、转变观念，以壮士断腕的决心，降低成本、下岗分流、调整优化结构……带领全体员工积极掀起了中国石油管道的第二次创业浪潮。

2000 年 2 月 22 日，管道局 2000 年工作会议暨党委扩大会议、十届一次职工代表大会在廊坊国际饭店召开。会议确立了"发挥工程建设主体优势、多元化经营、国际化经营、资本经营与生产经营并举"的四大战略，制订了"彻底解放思想、彻底转变观念、彻底放开经营"的工作方针，并提出了"创新思维、实现超越、争雄国内、走向世界"的新时期企业精神。

蓝图绘就风帆起，豪情满怀向未来。新的企业精神给管道人增添无穷精神动力，管道局不但于困境中迅速调整、绝地重生，而且在市场经济的考验下不断成熟，更加坚强，更加自信。在涩宁兰，圆满攻克迄今为止国内输气管道线路最长、海拔最高、自

然环境最恶劣、设计压力最大、工程质量要求最高、施工竞争最激烈的管道工程；在兰成渝，克服海拔高（最高点2455米）、落差大（最大落差达2268.3米）、自然条件恶劣、运行工况复杂等难题，铸造了抗震救灾的“生命线”工程；在西气东输，以“人生能有几回搏，西气东输不搏算白活”的拼搏精神，实现了人民大会堂开工典礼上的庄严承诺，优质高效建成世界一流工程；在忠武线，圆满完成中国石油第一盾，在两湖地区打出了“中国石油管道”的品牌；在俄罗斯，发扬“特别能吃苦、特别能战斗、特别能奉献”的实干精神，爬冰卧雪、战天斗地，让傲慢的俄罗斯人肃然起敬……

从1999年至2008年的9年时间里，管道局构建了从科研、咨询、勘察、设计、施工、采办、投产试运到与管道工程相关的防腐、管件制造、检测、维抢修、数字通信等完整的管道建设产业链，取得了化工石油工程施工总承包特级资质，树立了中国石油管道国际知名品牌，在国内外累计建设长输管道23500公里，是重组前26年总和的1.3倍，企业正式步入了新的快速发展期。

实践证明，管道人以“创新思维”为企业成功的灵魂，以“实现超越”为全体员工的共同信念，以“争雄国内、走向世界”为企业追求的目标，为管道局绝地重生提供了精神动力，用实际行动诠释了“八三”精神，彰显了广大管道建设者发展管道事业、壮大企业实力的事业心和责任感。

三、“管道报国、艰苦奋斗、开拓创新、实干兴业”是管道人与时俱进的时代宣言

2009年，金融风暴加速蔓延、世界经济受到重创。在企业发展新的重要时期，管道人以更加清醒的头脑、更加科学的决策和更

加坚定的信念，积极应对全球金融危机等带来的挑战，紧紧抓住国内新一轮油气管道及储运设施建设高潮和中国石油实施“走出去”战略的机遇，进入科学发展的新时期。

到 2013 年，管道局全面总结建局 40 年奋斗历程，从石油精神、“八三”精神中不断汲取智慧和力量，创立了“管道报国、艰苦奋斗、开拓创新、实干兴业”的新时期企业精神。“管道报国”是价值追求，是管道局作为大型国有企业的职责所在与推动发展的首要前提，任何时候都不能动摇。“艰苦奋斗”是光荣传统，是一代代管道人始终具有的强大精神力量。“开拓创新”是动力源泉，是一种永不满足的工作态度，是企业不断成长和发展的保障。“实干兴业”是本质作风，是反对空谈、强调实干、注重落实的优良传统。

以新的企业精神为全员共同价值追求，管道局全体员工万众一心，凝聚力量，以国家油气战略通道和集团公司重点工程建设为第一要务，以科学务实的工作态度、昂扬向上的拼搏精神、坚韧不拔的顽强毅力，推动企业发展再上新台阶。2009 年至 2017 年间，管道局在国内先后完成兰郑长、西气东输二线、涩宁兰复线、兰成、陕京三线、漠大线、中贵、兰州商业储备库安装等项目；在国际上圆满完成中哈二期、中亚、阿布扎比管道、中缅等重点海外项目，为建成国内第一、国际一流的国际管道工程总承包商夯实了基础。

2017 年中油工程上市，将工程建设上中下游业务纳入统一管理，成为独立的市场竞争主体。管道局作为其成员企业，更名为中国石油管道局工程有限公司。此阶段，陷入低迷的管道建设市场给企业的生存和发展带来了极大挑战，重组上市也对企业管理提出了新的更高要求，但石油管道人从来就不惧挑战，以“管道报国、艰苦奋斗、开拓创新、实干兴业”为与时俱进的时代宣言，以挑战当作前行的动力和阶梯，有力推动企业迈入了新的发展阶段。

四、“坚守诚信、精于品质、创造一流”是管道局在新时期高质量发展的价值标准

2018年，管道局的行业地位、企业治理结构、员工队伍和市场结构均发生了深刻变化，企业发展进入了又一个新阶段。管道局党委以习近平新时代中国特色社会主义思想为指导，基于能源产业变革和内在高质量发展需要，将企业发展目标由建设国际一流油气储运工程公司调整为建设国际一流能源储运公司，将发展边界从油气工程拓展到整个能源领域。树立起“坚守诚信、精于品质、创造一流”的企业价值观。

坚守诚信，是不容置疑的行为规范；
精于品质，是绝不含糊地保证工作质量；
创造一流，是强调一切以创造一流为目的。

诚信，是中国传统道德文化的核心，是企业发展基石和品牌形象。品质，是企业与员工个人价值与尊严的起点，是亘古不变的制胜之道。诚信与品质是因，创造一流是果。经历了历次改革考验和国际市场磨砺的管道人深刻地认识到：在百年未有之大变局中，在更加开放、更加多元的市场“红海”中，只有坚守诚信、精于品质，履行承诺、忠于职责，高质量完成工作，高水平建设工程项目，才能不断实现超越，成为更好的管道局。

在新时期企业价值观的引领下，2018年至2022年，管道局大力实施市场、创新、国际化三大战略，调整优化工程建设、技术

服务、油气运营、支持保障四大业务。以优良作风推动企业高质量发展，取得了一系列优异成绩。

高质量建成中俄东线北段、中段、南段，以及唐宝段、密马香、闽粤支干线等一批急难险重项目。在"生命禁区"挑战极限，两年时间使 QZ 管道全线敷设贯通。

深度参与"一带一路"，承建沙特重油管道、孟加拉单点系泊、泰国东北部成品油管道等重点工程，连接起沿线国家人民的共同梦想。

以中东、非洲、东南亚、中亚等地区为核心，国际市场份额进一步扩大，市场格局不断完善；国内市场逆势上扬，形成"东西南北中"五大区域协同联动的格局。

搭建科技创新体系，远程操作系统的水陆两栖型管道开孔机、国内首台直径 1016 毫米超高清漏磁复合检测器、自主研发的第三代管道自动焊装备等一批核心技术和装备脱颖而出，整体科技水平并行甚至领跑国际先进水平。以为国分忧、勇挑重担、献身管道事业的信心与决心，勇于实践、开放包容、创造卓越业绩，为实现油气管道强国的"中国梦"做出了自己的贡献！

五、50 年，正青春，新时代，再出发

2022 年 10 月 16 日，中国共产党第二十次全国代表大会胜利召开。以习近平同志为核心的党中央带领中国共产党人和全国人民向中华民族伟大复兴的新征程出发。

管道局新一届领导班子结合当前形势，着眼未来发展，明确了"1234 10445"新时期总体发展战略，即锚定"建设世界一流能源储运公司"一个战略目标；坚持管理创新、科技创新双轮驱动；打造工程承包商、综合服务商、投资运营商三商平台；实施创新、

市场、国际化、绿色低碳四大战略；重点发展陆上管道、油气田地面、技术服务、新能源新业务、油气储库、LNG、涉海涉船、油气运营、智能制造、市政工程十大主营业务；推进业主多元化、模式多样化、领域高端化、策略个性化的市场“四化”；实施党建护航、人才强企、管理提升、文化铸魂“四大工程”；强化“加强党的领导、持续深化改革、维护安全稳定、坚持依法合规、营造良好氛围”五大保障。总体发展战略思路更加清晰，目标更加明确。

2023 年，管道局迎来成立 50 年华诞。管道人以建设世界一流企业为目标，开始了新时期的新征程。管道局新一届领导班子明确：建设世界一流企业，除了足够的规模、更好的效益，鲜明的中国特色，持续的竞争优势，还必须具备优秀的品牌文化。

管道局自成立之日起就继承了大庆精神铁人精神、“八三”精神的优秀文化基因，历经 50 年南征北战，从“八三”精神、“四为”，到管道局在各个发展时期凝练形成的浓郁深厚、富有特色的企业精神文化财富，就是管道局成为世界一流企业品牌文化的核心内容。

精神是信念，是支柱，是动力。管道局发展的各时期，都能看到精神力量的强大支撑作用。管道局将以习近平新时代中国特色社会主义思想为指导，深入学习宣传贯彻党的二十大精神，坚定战略自信，坚定发展自信，强化管理驱动，强化创新驱动，牢固树立品牌意识，更加注重文化建设，在新的实践中继续坚定地传承大庆精神铁人精神和“八三”精神，并以更多的胜利、更大的荣光，不断赋予其新的时代内涵，将这些宝贵精神财富发扬光大。向着世界一流能源储运公司战略目标，加油、努力、再奋斗！

伟大的"八三"会战孕育出伟大的"八三"精神，管道局也因此应运而生。在"八三"精神的滋养下，管道局开创了我国第五大运输行业——管道运输业，为石油工业、国民经济发展做出了重要贡献。

时间来到了世纪之交，1999年7月，集团公司调整油气管道管理体制，管道局从此失去了长期赖以生存的输油气主业，曾经的不愁市场、不愁吃饭的盈利大户被彻底推向市场。

值此危难时刻，管道局紧紧抓住国内油气管道建设大发展的难得机遇，主导建设了一系列重点工程，并紧跟国家"走出去"战略步伐和集团公司国际化战略，推动国际业务快速发展。由此，管道局重塑了主营业务，实现了转型发展。

项项工程犹如座座丰碑，管道局将"八三"精神深深地烙在每一项工程中。在传承"八三"精神的同时，管道局在众多的工程建设中还创造了更多的精神，为"八三"精神谱系增添了新的"枝叶"，为"八三"精神大花园增添了新的色彩……

第三章

“八三”精神·传承

1974

秦京线：把油输到北京去

1974年3月26日，邓小平、纪登奎、华国锋批阅了国家计委《关于北京东方红炼油厂调整扩建方案的报告》，要求抓紧接通秦皇岛至东方红炼油厂（燕山石化前身）的管线。

刚成立不足一年的管道局责无旁贷，这也是管道局成立后负责的首条干线管道。管道全长324.6公里，管径529毫米，年输油能力600万吨。

建设秦京线是为了给东方红炼油厂多输油，东方红炼油厂是为了保首都用油，保国家出口用油。这是国家急需，所以要突出一个“抢”字。为了用最短时间建成管道，管道全线实行专人负责，包工期、包质量、包安全。为了抢时间，女焊工早上不敢喝粥，怕“方便”不方便；大家你追我赶，轻伤不下火线，不参加娱乐项目（如看电影等），没有节假日；会议搬到现场，交流管线、泵站等建设经验。

这又是一场“会战”，河北、天津、北京一省两市分别成立管道工程指挥部。“会战”期间，工程建设延续“八三”时期“借、代、垫”等好的做法（因为是当年计划、当年施工，所以很多物资匮乏），从燃化部到各地方，工程所需物资全部开绿灯。在全部偿还所有账目后，管道沿线有关市、县物资部门中曾流传一个顺口溜：“石油管道扬天下，中央地方是一家，建设石油大动脉，‘借代垫’举措放光华。”

勇于创新是管道局的光荣传统，也是能够取得一个又一个胜利的制胜法宝。唐山玉田县林南仓煤矿计划 1978 年投产，投产后地面可能逐渐下沉，对管道产生不利影响，所以他们建议改线。此时正值管道建设关键时期，管道局对煤田和管道使用周期进行了仔细分析，决定不放弃已经施工一半的管线，而在进出煤田的管道上安装两个闸阀，增设两个阀室，以防万一和为今后改线做准备。至今煤田也没塌陷，管线运行正常。为解决钢管运输难题，建设者成立技术攻关小组，对拖管车进行改制，定车型，定结构，边画图，边下料，连续 5 昼夜试制出了第一台背负式拖管车。当背负 4 层钢管的改制车驶达秦皇岛工地时，工人们异口同声：“这下好了，工期有保证了。”

▼ 秦京线胜利投产

以苦为乐是根源于“八三”时期烙在管道人骨子里的精神特质。1974 年冬，工程三处（管道三公司前身）6 个施工点，50 台焊机，负责河北段 245 公里的焊接任务。队伍每天天不亮，就戴上狗皮帽子，挤上敞篷车，顶着刺骨的寒风，有时还要冒着纷飞的雪花，呼啦啦地出发了。工地上拖拉机的灯为工人照明，电焊工手中的手电也像夏夜的萤火虫一样闪耀，还有焊花、弧光，风景煞是好看。到 12 月底，所有施工点全部胜利完工。工地的黑板报上流传过这样两首诗：

电焊工人决心大

电焊工人决心大，弧光闪闪映雪花。
天寒地冻何所惧，风餐露宿暖心涯。
大干快上秦京线，手握焊把绘彩霞。

夜　战

借“天灯”一盏，谢寒风为我摇扇。
电焊工人斗志旺，白天黑夜连轴转。
马达轰轰喊加油，我为革命拼命干。
今夜突破十八口，明日更上一层楼。

1975 年 6 月 19 日，管道投产。自此，滚滚原油通过秦京管道不断流向首都北京。

1975

鲁宁线：打好新时期的“淮海战役”

随着东北管网、华北管网逐步建成投产，华东干线管网建设又被提上国家经济建设的议事日程。管道局再次扛起重任。由管道设计院设计，管道一、二、三公司施工的鲁宁线（即鲁宁输油管道，鲁宁线原设计线路为胜利油田至上海，原名鲁沪线。受限于当时技术条件，无法穿越长江，终点改至江苏仪征，遂更名鲁宁线），1975 年 10 月 20 日开工，1978 年 7 月 15 日投产，7 月 29 日第一艘油轮从仪征装油运往安徽安庆炼油厂。号称管道战线上的“淮海战役”，自此胜利结束。

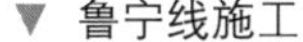

▼ 鲁宁线施工

这是毛泽东主席、周恩来总理亲自圈阅建设的管道。鲁宁线是国家大型工程项目，1974 年燃化部正式提出建议，当年 12 月 25 日国务院召开会议，李先念、纪登奎、华国锋以及国务院有关部委和沿线山东、江苏、安徽省的负责人参加，进行集体审议。当日,3 位领导联名签署意见，随同国家计委的报告向党中央呈报。毛泽东主席在次日和周恩来总理等中央领导圈阅批准。那一天，正是毛主席 81 岁寿诞。1975 年 1 月 20 日，国家计委正式下达计划。

鲁宁管道建设中首次提出了"四为"口号，即"管道为业、四海为家、艰苦为荣、野战为乐"，这是管道局成立后凝练出的第一个文化理念。是石油精神和大庆精神铁人精神在管道建设事业中的具体体现；来源于"八三"精神，又是对"八三"精神的丰富和完善；充分体现了管道人为国分忧、勇挑重担、献身管道事业的信心与决心，使命与担当。

建设鲁宁管道又是一次创业，艰难、艰苦，却成效显著。在抢建临时基地时，徐州南郊翟山几百亩的土地，杂草丛生、坟冢遍地、沟坎相依，面对这些景象建设者没有退缩，他们想的只有如何尽快地用自己的双手在这里建设美好的家园。平整土地、修路填沟、抢建库房住房。1975 年 4 月下旬，在大家"乔迁新居"的当晚，天公竟下起雨来，还没能干透的草房禁不住雨水袭击，床铺上满是流淌下来的泥汤。大家顾不上床铺，赶紧走出房外，房上房下挡风遮雨，挖沟排水，折腾了大半夜，虽然好了些，但仍在漏雨。因为第二天还要工作，大家只好地上放脸盆，床上撑雨伞，床顶搭块塑料布，被上盖雨衣，躺在床上，睡了。临建房之后是简易房，再后来就是结实"气派"的砖瓦房了。1975 年 8 月至次年 2 月，共 42 栋、总面积 8200 平方米的砖瓦房就依山顺势、错落有致地盖起来了。随后，建设者又办起了职工子弟学校、职工医院，引进了商店、银行、邮局等服务行业，还打了水井，办起了食堂、浴池，家园越来越美，越来越好。

这又是一次大会战，企、军、民团结一心，联合作战。沿线3省都成立了建设指挥部，负责各自省内宣传群众、组织民兵、协调关系和地方物资供应。沿线3省19县，组织参加管道施工的民工累计271万人次，许多农民像当年支援淮海战役一样参加管道建设。祖孙三代、夫妻双双参加会战的动人景象常常出现。他们以参加管道建设为荣，冒严寒、迎风雪，管沟开挖和土石方回填量达1260万立方米。如果将这些土石方垒成高2米、宽1米的长堤，可以从北京铺到上海，再由上海铺到广州，后经武汉，再回到北京。

除了喊出了“四为”口号之外，建设者还喊出了更多的豪言壮语，彰显了豪情壮志。“宁肯少活二十年，定叫油龙下江南”“不能等，不能靠，更不能伸出巴掌要”“不怕天寒水没膝，誓叫油龙穿过涧”（穿越江苏盱眙木店公社龙窝涧时）“管道工人力量大，手牵油龙走天下，南征北战建管道，装点江山美如画”……至今听来仍让人心情激荡。就连徐州市领导也编起了顺口溜：“石油工人不简单，艰苦奋斗真能干，谁要真想学大庆，就到输油管道看一看。”

经此一“役”，管道局在管道建设的材料、设备、施工技术、输油能力等方面，均得到大幅提升。鲁宁线是北油南输的主干线，管道建成投产后，年输油能力达2000万吨，相当于4000万吨左右煤炭，大大减轻了铁路运输压力，改善了上海、江苏、浙江、安徽、湖北等省市的燃料供应，对扭转北煤南运不利局面、促进相关省市的工农业发展，发挥了巨大作用。

1981

国际市场开拓：“红树”精神，绽放光华

由作曲家吕远谱曲、歌唱家王宏伟演唱的《红树林之歌》，很多管道人都耳熟能详，而这首歌的词作者是原管道局局长、党委书记苏士峰，歌词正是管道局开拓国际市场的真实写照。

“生于海中，叶茂根深，伴着海长，蔚然成林……”从1981年走出国门参与劳务输出，到现在全方位参与国际竞争，管道局已经走过四十余年的发展历程。国际化早已成为管道局发展的重大战略，国际竞争层次在不断提升，“疆土”同样在不断扩大。如今，管道局的经营足迹遍及全球50多个国家和地区，为70余家国内外能源公司提供服务。通过自身实力和业绩证明，管道局是行业优选的综合服务商，在能源储运工程领域，从规划、科研、咨询、勘察、设计、采办、施工、通信、自动化、机械制造到投产运营、维修抢修、技术服务保障等全产业链全生命周期，均具有强大的国际竞争能力及建设管理能力。

四十多年来，管道将士前赴后继，扎根海外一线，在国际市场开疆拓土。他们或群集而生或独树成林，远离家乡，坚守岗位，接续奋斗。在创造丰硕的市场成果和工程业绩的同时，也形成了管道局开拓国际市场的“红树”精神。

不断丰富的“红树”精神主要包括如下五种精神内涵。

团队协作精神：红树一丛丛一簇簇地聚集在一起，根茎相连，共同抗拒汹涌的海涛。同样，管道局国际工程的将士们，亲如战友、家人，在国外艰苦的条件下共同铸就了一个又一个丰碑。

▲ 文体用具捐赠仪式

吃苦耐劳精神：红树具有超凡的承受能力、适应能力，在恶劣的自然环境下能够迅速地扎根、破土、成长，象征着管道局的海外将士们正在逐渐融入全球化的竞争中，在不同地域、不同国家开展合作，以红树一般的适应力不断学习，成长。

不屈不挠精神：红树虽然泡在咸水里，依然郁郁葱葱，铁骨铮铮挺直腰身。而管道局的国际团队远离祖国，在异国他乡顶烈日、冒严寒，承受巨大压力，用非凡业绩证明了管道局的实力。

和谐共赢精神：红树吸收二氧化碳，释放出氧气，同时又把花、叶抖落到海中，供给鱼虾蟹螺作美食。在国外艰苦的条件下，管道人建设了一条条能源大动脉，不仅仅保证了祖国的能源安全，也为当地建设做出了贡献。

勇于开拓精神：红树的种子随水漂流到别处生根发芽，不断蔓延，巩固自己的海防线。在海外，管道人秉承“坚守诚信、精于品质、创造一流"的企业价值观，不畏困难、诚实守信，以强大实力和超凡品质，赢得了一个又一个国际市场，使 CPP（"管道局"英文缩写）品牌扬名世界。

在没有泥土的海边，迎着无形的风浪，艰难地用自己的身躯去固化泥沙，营造新的天地、创造新的生存空间，一旦脚下生成一片沃土就无怨无悔，没有留恋便走向更远的空间，去迎接新的挑战，这就是管道局国际市场开发、国际工程管理精英们所具备的胸怀和精神！

1981

巴格达输水管道：走出国门，迎接挑战

伊拉克巴格达市区输水系统工程由法国索比亚和斯卑卡公司承揽，大部分工程由中国石油工程建设公司（CPECC）承包劳务，管道局组织了管道一、二公司千余人参加施工。输水管道全长 1200 公里，管径 159~1600 毫米。管道分布于巴格达市区大街小巷，地况复杂，1981 年 6 月开工，1983 年 8 月完成劳务承包任务。

这是管道局首次走出国门参与国际工程的劳务输出，学习了国外先进的技术和管理经验，赚取了外汇，工人们也增长了见识，与当地人民增进了友谊。

法国公司干净利落的一条龙流水作业给中国管道工人留下了深刻印象。他们的施工顺序是：测量、划线、排除地下障碍、打眼井松动路面、开挖管沟、布管、铸铁管套塑料布用钢丝包扎、吊管下沟、插入式管端抹黄油、对口器对管、回填、试压投产、电动夯实机压实、恢复水泥路面、清扫路面，共 15 项工序。若有支线和拐弯，用钢筋混凝土阀井进行连接。整个现场一环扣一环，紧张而有序。

法国公司先进、配套的施工机械令大家艳羡不已。比如，二工区有 375 人，分 6 个敷设管线工地和两个阀井工地，配有 24 类 35 个型号 118 台施工机具。很多设备具有体积小、噪声小、效率高、适应性强、结实耐用等优点。有些设备管道人过去都没见过，经此工程后也都能熟练操作了。法国公司原材料的质量也非常好。主要原件铸铁管，是从法国历时半个月颠簸而运至工地的，水泥衬里没有一点损伤。管道人想搞点样品拿回国内化验，需要用榔头狠敲才能掉下来一小块。

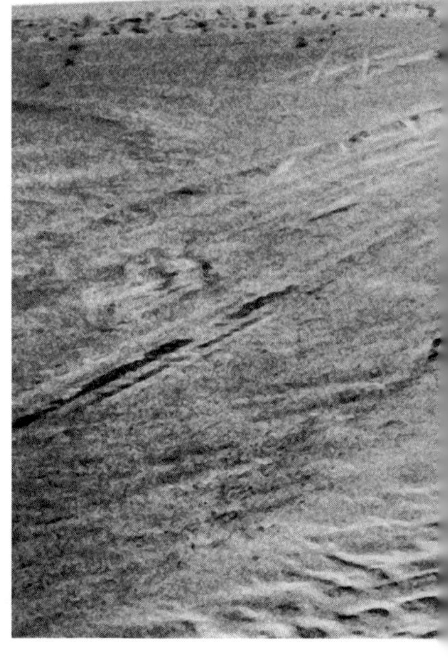

此外，管道人也逐渐认识到，法国公司经营管理好，处处精打细算。他们承包这项工程，是从设备、施工、原材料到施工机具全包。这种承包方式虽有一定的风险性，但赚钱多，一个项目可以带动贸易出口，带动本国产品的出口。

施工中，中国工人与当地人结下了深厚的友谊。一次，一名伊拉克小孩掉进了3米多深的污水阀井里，井边聚集了许多在附近施工的外籍人及本地人，谁也不敢下井救人。管道局工人高春立、冯锦柱闻讯赶来，毫不犹豫地下到井里，救出了孩子。家长感动不已，非要酬谢二人，他们再三示意谢绝。中国工人舍己救人的事迹在附近广为传播，赢得了本地人的好评。从此，中国工人在哪里施工，伊拉克人就把水送到哪里，有的还把水打好放在院子里让工人们喝，见到中国工人就喊：“卡依纳古得！”（中国好！）

中国管道工人用自己的吃苦耐劳，打动了外国公司，用自己的实际行动，证明了自己是过硬的施工队伍，施工量是有的国家劳务人员的2.71倍。到1982年6月，共创外汇人民币1142.7万元，扣除成本净赚216.6万元。多年以后，许多当年参加过这条管道建设的老管道人对此还津津乐道，坐了飞机、买了洋货（彩电等），开了眼界、挣了外汇。

▲ 伊拉克输水管线

通过伊拉克输水管线劳务分包，管道局清醒地认识到与国外先进公司的差距，包括技术、装备、管理等，也下定了要迎头赶上乃至超越的决心，为后来继续走出国门、参与国际竞争积累了经验。

1985

秦皇岛 10 万方储罐：赶超先进，为国分忧

1985 年，管道局采用浮顶油罐设计预制和焊接技术，在秦皇岛输油站第一次建成我国当时容量最大的 4 座 10 万立方米大型金属浮顶储油罐。这是我国建罐史上的一次飞跃。

首次采用的浮顶油罐设计预制和焊接技术是从日本引进的，这在当时属世界先进。管道局相关工程技术人员虚心学习先进的工艺技术，并在日方技术人员指导下，首期 4 座大罐顺利建设完成，积累了宝贵经验。

在学习国外先进技术过程中，管道局注重消化吸收。这是检验学习成效的试金石，只有真正掌握先进的工艺技术，才能真正达到学习目的，为“自主创新”打下坚实基础。第一期 4 座大罐建设之后，管道局积累了知识和经验，此后全部由自己建设，逐渐掌握了该项先进技术。

“拐杖”不可能一直用下去，只有自主才能自立自强，而自主创新才是实现产业报国最强大的力量。在第二期 3 座 10 万立方米大罐建设中，管道局在工艺上大胆创新，浮船采取分块预制整体组装，大角焊和罐壁全部改用自动焊，施工效率大为提高，仅用 180 天就完成了施工任务，创造了国内建罐史上的新纪录。油罐主体焊接采用自动焊接技术，自动焊接率 89.82%，合格率 99.8%。自此，管道局完全掌握了 SPV50Q 高强度钢焊接技术，掌握了多嘴平行切割技术，独创了立缝组对、盘梯整体吊装技术，设计、施工及检测技术完全符合 JISB501 国际标准。

就像“八三”工程、管道局的诞生一样，管道局拥有并不断创新大罐建设技术，目的就是要产业报国，为国分忧。爱国、报国，一直就是管道局发展的“红色基因”，代代相传，生生不息。50 年来，管道局共在大连、秦皇岛、仪征、黄岛、舟山、兰州等地建成原油和成品油储罐 2800 余万立方米，为国家石油战略储备基地建设做出了突出贡献，也为保障国家能源安全、促进民生福祉彰显了国企担当。

▲ 在秦皇岛建成中国首座 10 万立方米金属浮顶油罐，入选《中华之最》荣誉大典

1992

突尼斯管道：国际工程总承包的有益探索

1992年，管道局再次走出国门，远赴北非，承建突尼斯国姆萨肯至加贝斯天然气管道工程和突尼斯市天然气管道扩建工程。与以往劳务输出不同，管道局与中水公司组成联合体对这项工程实施总承包，为管道局乃至中国石油“走出去”战略的实施做出了积极探索。

工程具体由管道三公司承担，管道设计院负责设计。因焊工技术水平遭到质疑，工程迟迟开不了工。好不容易开工了，却因焊接质量不能令人满意，合格率低，接到了黄牌警告，被业主紧急叫停。落后的设备也遭到了指责。甲方说，你们就用这堆破旧设备来干国际工程？该不是用“二战”淘汰的坦克改装的吧？此外，工程进展缓慢，一期工程164公里，工期过去近6个月，刚完成30公里，进度不足20%。而且已经完成的30公里合格率低，使得后面的试压、补口、下沟、回填、阴保等工序无法进行。

管道局随即开展了大力支援，从一、二公司中挑选优秀焊工，立即派往突尼斯，同时三公司也做了很多工作，安排焊工苦练基本功，快速提高技术水平，并研究解决现场焊接技术难题；从有限的外汇储备中拿出600万美元解决相关资金和设备问题；配强项目领导班子，局领导还亲自赶赴前线督战，鼓舞士气，协调解决相关问题。经过艰苦努力，项目终于走上正轨。

工程于1993年8月14日正式打火开焊，1994年12月完工。全线25483道焊口，X光拍片检验无一处泄露，达到了全部合同

▲ 突尼斯管道施工

要求。突尼斯电力天然气总公司给予了很高评价：按期建成投产，一次投产成功，施工安全。突尼斯政府的评语是：用最新的智能检测仪检测管壁和焊缝，没有发现任何问题。世界复兴与开发银行对工程质量也很满意，开具了工程质量合格的证明文件，授予管道局“免审的工程总承包商”和“信誉好的工程公司”光荣称号。

突尼斯工程初期，由于对国际市场和国际项目管理运作方式不了解，导致问题之多、困难之大超乎想象。但整个工程干下来，管道局才真正认识到，这就是国际项目，这就是总承包工程，这就是国际市场的游戏规则，并取得了重大收获。

工程中，管道局已经摸索建立了完整的项目管理架构，摸索出总承包工程的管理要素，与现在的总承包项目的架构几乎完全一样，模式几乎完全相同。

工程给管道局技术和设备方面带来的进步也显而易见。工程后期，管道局购进了第一批林肯半自动电焊机，还有勘察设计用的电光仪等设备，设备水平前进了一大步。这些先进设备在此后的国内外管道工程中也发挥了重要作用。

走进突尼斯，让管道局开了眼界，看到了外国先进的管理模式，先进的技术与设备，唯有不断学习才能赶超先进。这些对管道局的管理提升和技术进步均起到了积极的促进作用。虽然是低价中标，最后通过索赔等手段，管道局仍然实现了工程的圆满收官。

突尼斯工程最大的收获是，带出了一支能在国际市场打硬仗的队伍，培养了一批具有国际项目管理理念的管理人才，形成了讲质量、重信誉、求效益、促发展的理念，这些都是管道局的宝贵财富。

1996

库鄯线：建设世界一流原油管道

新疆库尔勒至鄯善管道（库鄯线），为国内首次采用高压力、大站距方案，首次采用高强度 X65 钢管，是 20 世纪末自动化控制水平最高的原油管道。1995 年先期进行河流穿越，次年 6 月 6 日开工，1997 年 6 月 30 日投产，为香港回归奉献了管道人的厚礼。

▼ 库鄯场站一角

发扬“四种精神”，战胜施工困难

库鄯管道是为了解决塔里木油田原油外运“瓶颈”而敷设的，塔里木日产原油8000吨，火车外运6000吨，每日压产2000吨，严重制约了油田的发展。

管道沿线地理状况复杂，476公里的管道有近200公里山地，数十公里沼泽地、流沙、岩石地段。自然环境恶劣，气候干燥寒冷，人烟稀少，有165公里的无人区，社会依托极差。

建设者以只争朝夕的精神实现工程建设的高速度，以高度负责的精神实现工程建设的高质量，以敢为人先的精神实现工程建设的高水平，以勇创一流的精神实现工程建设的高效益，克服重重困难，优质高速地完成了工程任务。工期比计划提前2个月，单位工程合格率100%，优良率95%以上，整个工程达到优良标准，处于国内领先水平。

1996年6月，火焰山地区地表温度已达70摄氏度，热浪滚滚，让人憋闷不堪。尽管已采取早晚施工和在遮阳伞下作业措施，但仍有90%的焊工都发生了中暑呕吐、晕厥昏迷的状况。为了抢进度，有的焊工在医院抢救刚刚苏醒，又返回工地；有的焊工专拣午后最热时锻炼抗暑忍受力。适应了高温作业，一个机组从日焊十几道口提高到日焊72道口。

觉罗塔山47.7公里的石方管沟开挖是在冬春季开始的。在零下20摄氏度的寒冷天气，施工人员仍坚持作业，有些设备被冻住了，就用喷灯、篝火烤，烤好了再干，再被冻住再烤。针对岩石的不同特性，建设者创造了首次单排眼、二次双排眼，梅花形布孔爆破法，并采取综合措施控制飞石。穿越山头的管沟深达8.1米，只能靠人背肩扛清渣，经过4次倒运，才能将碎石取上来。

“三新”的成功应用，为这条高水平管道建设打牢了基础

库鄯管道有 16 个引进项目，设备 34 套 516 台；采办采取国际招标方式，先后与 14 个国家的 100 个厂家进行交流，向 97 家发出标书；评标时，商务标、技术标分开保密进行，把好了设备质量关，且比概算节省了 340 万美元。

库鄯管道建设坚持推广使用新设备、新材料、新工艺，让管道有了“先天优势”。在国内管道上首次使用 X65 级高强度管材，采用中频加热器，工效提高了 10 倍；焊接、测温、喷砂除锈、发电机等均采用国际先进设备；在首站、末站、鄯善外运油库采用国内国际一大批新设备、新工艺，被称为“高精尖”项目，许多设备为国内外产品的“嫁接品”。安装人员努力钻研新技术，使“嫁接”设备完全达到了预期先进性能，满足复杂工艺要求。德国西门子工程人员称赞道：“有你们这样的工作方式，库鄯工程一定能建好。”

在投产运营后，库鄯管道实现了不加热常温密闭输送，减少了 20 余座加热炉基建投资，每年可节约能耗费用 860 万元；解决了 1665 米的大落差（落差段间距 117 公里）输送工艺技术；全线采用国际先进的自动化控制系统，实现了每公里 0.35 人的运行管理设计要求。

库鄯管道建设，创造了国内长输管道建设的一系列之最，建设水平国内最高，同时亦可比肩国际一流。

1996

陕京线：为了首都天更蓝

陕京线（一线）1996年3月5日开工，1997年8月28日陕北天然气到达北京琉璃河分输站。它是20世纪国内陆上距离最长、自动化控制水平最高的天然气管道。

陕京线（一线）全长918.42公里，其中干线853.23公里，起于陕西靖边，终于北京石景山区衙门口，途经陕、晋、冀、京3省1市22个县市。所经地区地形、地貌和地质条件复杂，有沼泽、沙漠（毛乌素沙漠）、盐渍、黄土塬、盆地、山地、丘陵，并穿过3条地震带；翻越吕梁山、恒山、太行山3座山脉，穿越无定河、秃尾河、窟野河、黄河、永定河及小河流230处，铁路21处，大型公路131处。沿着古老长城，呈“三上三下”（三次上山、三次下山）趋势由西向东延伸。

“四高”要求，“四新”应用

集团公司对陕京线（一线）建设提出了“四高”要求，即高质量、高速度、高水平、高效益。基于此，项目设计、施工采取了诸多新工艺、新技术。管道设计院、四川石油设计院与德国管道工程公司（PLE）合作，引进了国外先进的技术与设备，为工程建设采用新工艺、新技术、新设备、新材料奠定了基础。首次在长输管道运用卫星遥感技术选线，进行地质评价、地震研究、灾害性地质勘探及工程环境评价；管道外壁防腐首次采用三层聚乙烯防腐结构和辐射交链聚乙烯热收缩套片补口的先进技术；首次

▲ 陕京一线黄河跨越

在国内天然气管道采用检漏系统对管道进行实时在线监测，及时发现泄漏，提高管道运行的安全性；首次在国内采用国际上先进的 SCADA 系统，实现全线的监测、远程控制和调度管理；首次在国内管道上采用卫星（VSAT）通信手段，为管理信息提供先进的传播途径。

攻克黄河跨越难关

黄河跨越是陕京线（一线）的“咽喉”工程，位于陕西府谷和山西保德隔河相邻处。跨越为悬索式钢结构管桥，主跨 270 米，跨越管道沿管桥顺塔基入地，然后沿东西两岸山体的陡坡峭壁敷设。黄河跨越由管道一公司施工。跨越点河床两侧均为悬崖峭壁，河水汹涌澎湃，环境恶劣，无施工场地和材料运输道路。而难度最大的是塔架预制组立，尤其是西岸地势险峻，东岸预制场窄小

（仅为 15 米 ×14 米），两岸塔架只能在东岸依次预制。塔架钢结构复杂，各种型钢达 46 种，体积大、安装精度高。西岸塔架在东岸整体预制后分上下两段经多次倒运，从河中破冰过河运往西岸，两段须在空中组对。大型起吊设备无法进入现场，只能选用小型轻便简易机具。塔架高 43 米，重 42 吨，塔脚需吊至距离地面 8.5 米的塔基上。施工人员攻克种种艰、难、险，两岸塔架一次吊装组立成功，空中组对精准；在无外商技术人员指导的情况下，经受住了安装进口设备的考验，使钢索结构凌空就位，做到了一次到位，无一差错；科学处理了管桥反起拱现象；在陡峭的山体上敷设了连接两岸的管道。

发扬传统，技术革新

工程建设中，管道局采用“二接一”新技术（将两根钢管在预制场焊接成一根，减少了野外焊口作业数量），提高了速度和质量。自然条件为施工带来了很多困难。在黄土高原梁峁沟壑区，机械无法作业，管道三公司施工人员 32 人抬着 1.8 吨重的钢管进行人工布管。他们在易县施工时，根据地势起伏多变的情况，提出采取弹性敷设、降低成本的建议，为山区施工提供了经验。在崎岖的山路上，施工负责人亲自开着拖拉机运管，以大无畏的精神，战胜了陡坡险阻。

陕京线（一线）是党中央、国务院为改善首都和华北地区大气环境、提高人民生活质量而实施的一项“功在当代、造福子孙”的重大战略性工程，是陕甘宁天然气引入东部的主干线。党和国家领导人对工程建设十分关心。1996 年 3 月 12 日，国务院总理李鹏题词：“建设好陕京输气管道，为发展经济、保护环境、提高生活水平做出新的贡献。”同月，副总理邹家华题词：“发扬大庆精神，建好陕京输气管道。”1997年6月19日，邹家华视察施工现场，看望管道职工。1997年全线通气时，邹家华、吴邦国副总理剪彩，并视察了北京调度控制中心；北京市委书记贾庆林在竣工投产典礼上作讲话。

陕京管道被誉为首都北京的“城市供气生命线”，北京市超过95%的天然气由陕京管道系统输送，同时也是陕西、内蒙古、山西、河北、北京、天津“三省两市一区”天然气供应保障的主力军。陕京管道系统由陕京一线、二线、三线、四线、永唐秦、唐山LNG外输管线等天然气管道基础设施组成，总里程5387公里，设计年管输能力800亿立方米；配套建设大港、华北两个储气库群9座储气库，总工作气量23亿立方米，日最大调峰供气能力4000万立方米。管道局参与了陕京管道系统所有管道基础设施的建设。

截至2021年11月25日14时23分，陕京管道系统累计输气突破5000亿立方米，切实保障了首都及管道沿线70多座城市、1000多家大中型企业及近1.2亿人民的工业和生活用气，为京津冀地区的绿色发展提供了强大动能。

1998

苏丹管道：为了那份庄严的承诺

20 世纪 90 年代末，中国石油为了响应国家“走出去”战略，确立了“两个市场，两种资源”的市场开发格局。管道局跟随中国石油海外市场开发的步伐进入了苏丹。1998 年，管道局以 EPC 总承包方式中标 1/2/4 区工程，这是管道局首个独立承揽的真正意义上的国际 EPC 管道工程。

苏丹长年内战，是“世界上最不安定的国家”之一。在苏丹承建管道工程主要有两大难点，一是缺少社会依托，交通条件极差，运管难；二是工期紧，任务重。如果不能按期完工，拖延一天就被罚款 30 万美元。

为了中国石油和国家的利益，集团公司要求管道局必须拿下这个工程。管道局经过再三研究，决定由马骅担任项目经理。马骅是共和国的同龄人，改革开放后，他参与过所有重点长输管道的建设，在国内一项项重点工程中立下了赫赫战功，曾被授予“共和国青年功臣”光荣称号。临行时马骅立下了军令状：“不拿下苏丹工程，我就不回来！”

按照合同要求，1998 年的 5 月 1 日是开工的日期。可是，第一批物资到达苏丹港时，距开工日期只有 20 天了。苏丹港实行军管，每天只发给一张通行证，进港就要干到很晚才能出来。

所有人都在紧张地通关，没日没夜地忙。可是，到了 4 月 28 日那天，开工点的设备因运输不力还没有全部到位，防腐钢管多数不合格，施工营地也没有搭建。外国监理根本不相信中国人能

▲ 苏丹 LPG 球罐工程是管道局在海外第一个 EPC 总承包项目

按时开工。马骅下了死命令："就是焊一根管子，我们也要按时开工！"

项目部组织人员从近万根钢管中，挑选出 20 根防腐合格的，于 4 月 30 日晚上 9 点半送到了开工点。5 月 1 日 10 点 08 分，闪烁在 1 号钢管上的焊花拉开了施工的序幕。工是开了，钢管运输却成为制约施工进度的最大难题。运输钢管的外国公司以前只做过公路货物运输，从来没有过沿作业线进行钢管运输的经验，面对处在热带雨林和茫茫戈壁的目的地，束手无策，深表无奈。

为了解决这个问题，马骅 4 次踏勘线路，经常夜宿野外，就地铺一块塑料布过夜。看着满天的星星，他对同行人员笑着说："我们这也是'星级'宾馆啊！"经过实地勘察和认真分析，他果断决策：帮助运输商克服困难。他把这个任务交给了张立福。马骅说，帮助运输商就是帮助我们自己，运输商完不成任务，我们就会被“拖死”在苏丹。

张立福是负责物资运输的项目副经理兼副总调度长，有着铁人般的拼搏精神。他多次驱车上千公里深入沙漠和热带雨林优选进管路线，协调运输商合理调动车辆。当他了解到当地有小火车时，当即决定采用铁路运管。可是，苏丹这个军管国家对铁路控制很严，铁路部门根本不考虑我们的要求；铁路运输会影响运输商的效益，所以运输商更是反对。张立福找到铁路部门说：“你们的总统找到我们的国家主席确立的石油管道项目，如果你们不同意，我们就直接给你们的总统打报告。”他又找到运输商谈判，态度坚决，运输商也只好屈服了。在张立福的努力协调下，9 月份，全线没有了待管停工的机组。可是，由于长期过度劳累，年仅 51 岁的张立福突发脑溢血，倒在了苏丹迪灵地区管线勘察的路上。张立福的去世，再加上因为前期钢管运输滞后，造成主体焊接落后 200 多公里，让项目团队有种喘不上气的感觉。可承诺就在眼前，工期十万火急！不能按期完工，不仅仅是巨额罚金的问题，更是涉及中国管道人形象和祖国荣誉的大问题。要向张立福学习，中国管道人决不能给祖国丢脸，项目部决定国庆节在所有营地组织升国旗仪式。10 月 1 日这天，近两千名管道人在国旗下庄严宣誓：“我们是中国石油人，我们决心不惜一切代价完成祖国交给我们的神圣使命！”这次活动激发了所有参建员工的使命感和必胜的信念。中国管道人开始了一场与时间的赛跑。

为了节省往返时间，有的机组将营地搬到了沙漠中，这里每天上午都要刮大风，3 个小时不停，风一停就立刻开焊，大风成了开工和收工的时钟。12 月 31 日，运输公司负责人阿布纳斯对现场施工负责人说：“我们今天运来了 100 根钢管，你们肯定焊不完，明天我们就不运了。”

这位负责人肯定地回答说：“我们今天一定能焊完这 100 根！”经过连夜奋战，该机组以日焊接 147 道口的全线最高纪录迎来了 1999 年元旦。整个 12 月份，管道局创造了月焊接 22695 道口，长达 270 多公里的最高纪录。外方总监看到月度进度报告和质量认定书时，惊叹：“你们的工作超出了我的想象，你们确实有能力兑现你们的诺言！”

在苏丹内战的一片枪声中，管道局仅用了 10 个月的时间就完成了 1506 公里的苏丹原油管道建设任务。正因为有了苏丹一期工程的顺利完工，才有了二期、三期，有了球罐等配套工程建设，有了投运、维抢修业务的拓展，有了以苏丹为核心、辐射非洲地区的国际管道工程市场。同时，首个真正意义上的国际 EPC 管道工程的顺利实施，也为此后管道局开展相关 EPC 总承包业务，承担相应国内外管道工程积累了宝贵经验，为管道局大力实施国际化战略作了知识、人才、技术、管理等方面储备。

在苏丹工程中，张立福、郑德宝、徐庆、吕焕仁、老士敏五位管道员工献出了宝贵的生命。为了纪念他们，管道人用工程剩余的钢管修建了“苏丹管道建设纪念碑”。每一位来到苏丹的石油人都会到这里敬献花篮。为了使中国管道走向世界，豁出命也要干的管道人，用生命和忠诚，兑现了对祖国、对事业的庄严承诺。

2000

黄岛储罐工程：“百万”大战

2000年冬，黄岛油港100万立方米储油罐群的建成，使其一跃成为当时全国最大的原油储存中转基地，为胶州湾的璀璨明珠新添了一道亮丽的风景。

1985年，管道局二公司进入黄岛市场进行储罐建设，并于1993年参与黄岛油港第一期工程，凭质量赢得了甲方信任，靠信誉站稳了市场脚跟。

2000年，黄岛储罐进入第五期工程建设阶段，必须在一年内建成100万立方米储油罐群。这在当时管道局的历史上从无先例，以现有的施工队伍按常规建100万立方米储罐至少要10年时间。面对这样一项近乎不可能完成的任务，业主首先想到了“敢干、能干、会干”的管道局二公司，把第五期工程黄岛油罐B区、C区、E区、D区共14座5万立方米油罐和3座10万立方米油罐全部交给了二公司。

在工期紧、任务重、设备少、人员紧张的情况下，二公司合理调配队伍，项目部以创建优质工程为目标，以创建文明工地为载体，用ISO9002标准和HSE标准控制大罐施工全过程，优化设备和人员，平行交叉作业，以空间换时间。通过完善激励机制，奖优罚劣、奖勤罚懒，员工积极性空前高涨。

建罐施工一盘棋，从进料、预制到组装、焊接，一环扣一环，每一个施工点都有自己独立完成的工程任务，谁都不想因自己影响施工优质快速运转。千禧年的春节，建罐员工坚守在黄岛工地；

国庆长假400名建罐员工坚守生产岗位，使施工始终按计划运行。

在黄岛，夏天太阳蒸腾着海水，人就像洗桑拿浴一样不动都一身汗，到了冬季，海风吹起寒彻大地。参建员工继承和发扬“八三”精神、“大罐”精神，起早贪黑鏖战在工地。经过艰苦拼搏，优质高效完成了施工任务，创下全年完成24万工日的建罐新纪录，储罐项目施工和管理水平均有了质的飞跃。

▼ 黄岛油库罐群

2000

涩宁兰：不拿第一就是败

涩宁兰输气管道，起于青海涩北气田，经西宁至兰州，全长950公里，是青藏高原上距离最长的天然气管道，西部大开发的重点工程、标志工程。西气东输主干线部分技术攻关项目在此试验，被业内称为西气东输的“示范工程”。

项目于2000年4月27日开工，10月31日主体完工。2001年5月21连通西宁，9月6日连通兰州，为两市工业和居民供气。工程建设中，以管道局三公司为代表的管道局施工队伍，以超凡的胆略和智慧，以冲冠的豪气和拥抱第一的必胜信念，搏市场大潮，斗天地自然，冲破了艰难险阻，高歌猛进，连创纪录，尽显管道建设主力军的雄壮风采。他们用热血和汗水浇铸成“不拿第一就是败”的管道精神。

“六最”工程

涩宁兰管道是迄今为止国内输气管道线路最长、海拔最高、自然环境最恶劣、设计压力最大、工程质量要求最高、施工竞争最激烈的管道工程。

四大特点

标准高。该项目是中国石油天然气股份有限公司海外上市投资的第一个大型管道项目，股份公司将其作为形象工程、品牌工程，要求从运作方式到管理体制都要与国际惯例接轨。

▲ 涩宁兰管道在青海湖畔延伸

要求严。工程不仅引入监理制、第三方监督，而且把在体育竞赛中运用的“飞行”检测引入管道施工，设立“飞检队”，对焊接、防腐补口道道把关，层层监督。

活难干。管段内遍布盐沼、戈壁、沙漠、山地、丘陵、冲沟和黄土塬，海拔在 2800 米以上的管线占全线 2/3 以上，人烟稀少，社会依托极差。

竞争激烈。大庆、辽河、华北、四川等油田都派队伍参加施工。为了拿到西气东输的“入场券”，他们均集中优良设备、组织精锐之师参战。13 家主体施工单位中，管道局只有老牌队伍一、二、三公司参加。

这是集团公司对管道局重组改制后管道局参与的首项重大工程。生死存亡之秋，这里就是主战场！

涩宁兰工程，管道局共有设计、施工、采办、防腐、检测、监理等 14 个单位参加建设，中标 510 公里主体管线，承担了全线绝大部分的设计、监理、物资供应、防腐，以及钢管、弯头的制作等，约占全部工程量的 80%。

挺进无人区

2000 年 5 月初，一公司 4 名挖掘机操作手 1 名司机进入一标段无人区挖管沟。那里被称为"鬼城"，严重的风蚀地貌，土丘土墙，奇形怪状，一片连一片。狂风大作、风沙弥漫时，里面就会传来呜呜的怪叫声，让人毛骨悚然。尤其晚上干活时，车灯晃出来的每一个影子都让你头皮发麻，惊出一身冷汗。"早穿皮袄午穿纱，围着火炉吃西瓜"的西北地区昼夜温差极大，而柴达木腹地涩北夜间温度达到零摄氏度以下。晚上他们盖两床被子腿都不敢伸直，中午气温回升到三四十摄氏度却没有西瓜，做饭时帐篷里像蒸笼，像桑拿。反正没有女同志，他们干脆就只穿条短裤。在地面往下 0.3 米处有一层盐碱结晶层，最厚的有 1 米多，非常坚硬。他们就清理上层，挖空下层，让其变为"空洞"，再用液压镐砸，用"象鼻子"钩。为了抢时间，从凌晨 4 点，到夜里 11 点，他们除了吃饭就是一点点地挖。20 公里的管沟不到 40 天终于完成开挖。

决战拉脊山

二公司中标的 146.6 公里的管线，平均海拔 3500 米以上，尤其是拉脊山，3881 米。管线要经过大小山头十几个，冲沟数十条，最陡的山坡仰角 70 多度，最大落差 400 多米，最宽的山沟 150 多米。2000 年 3 月初，刚到拉脊山时，由于没煤生火，零下 20 摄氏度的低温，让许多职工患上了重感冒，更糟的是高原反应强烈，嘴唇干裂，头痛欲裂。大家编了一段顺口溜：拉脊山 75 道弯，一道弯险于一道弯，人走喘粗气，车走冒黑烟，管道施工难上天。不仅是人，进口焊机的高原反应更是强烈，电流难以控制。再加上高原缺氧，多数焊工的焊接手法受到影响，一度进度缓慢、合格率不高。二公司项目部负责人到前线直接指挥，并立下誓言：“不提高质量，不迅速拿下拉脊山，我这 100 多斤就扔在拉脊山！”公司也派技术专家赴现场指导，大家很快便摸索出了一套适合高原地区施焊的电流和运弧手法，不利局面终于得到根本性的扭转。

不拿第一就是败

三公司把涩宁兰视作“生命线工程”，参建职工无怨无悔，几乎为它付出了一切。然而，涩宁兰不是谁想上就能上的，公司十几支队伍都要求上，项目经理讲：谁上谁不上，不能由领导说了算，要通过业绩来竞争，至于竞争条件，一是上过苏丹，拿到金牌的，二是焊工考试成绩优胜的，三是掌握全自动焊新技术的。“有水平你才能上，涩宁兰不讲情面！”最终，5 家单位脱颖而出。在“不拿第一就是败”精神的指引下，参战职工连创全线 12 项第一和 3 项纪录，在质量、进度、HSE 管理等方面尽显主力军风采。尤其 HSE 管理的高水平，充分证明三公司的管理是全面的，是现代化的，管道局的队伍是同国际接轨的。

涩宁兰工程之后，兰成渝、西气东输、忠武线、陕京二线、西气东输二线……一系列重大工程相继建设，国内又一轮管道建设高峰来临，“不拿第一就是败”的精神还在延续，而管道局的转型发展之路则愈走愈宽。

2000

兰成渝：踏破蜀道天险

2000年11月开工建设的兰成渝成品油管道工程是管道局走出低谷的标志性工程之一，是一项重振管道雄风的工程。管道将士以踏破蜀道天险的胆略和勇气，遵循国际标准，攻克山地施工；培育企业文化，打造名牌队伍；突破了重重险阻，攻克了道道难关，再创了管道事业的辉煌。

管道始于兰州西固区的北滩油库，止于重庆大渡口区的伏牛溪，全长1247公里；途经甘、陕、川、渝三省一市，先后穿越黄土高原、秦巴山区和河道纵横的川渝水网等复杂地区。

“危乎高哉！蜀道之难，难于上青天！”这是李白眼中的“蜀道行”。古老的蜀道，逶迤、峥嵘、高峻、崎岖，然而，管道人不怕蜀道难，敢于踏破蜀道天险上青天！管道沿途海拔之高（最高点2455米）、落差之大（最大落差达2268.3米）、自然条件之恶劣、运行工况之复杂，在国内管道建设史上是空前的，在世界管道建设领域亦属罕见，是当之无愧的管道建设里程碑工程。面对黄土高原、沟壑纵横、蜀道峭壁、湿地沼泽，管道局2000余名参建职工在“八三”精神的指引下，挑战生命、自然极限，用汗水、心血和智慧，在千里川陇大地上谱写了一曲管道建设颂歌，再一次证明管道人“特别能吃苦、特别能战斗、特别能奉献”。

兰成渝管道是国家实施西部大开发战略的重大基础建设项目之一，也是集团公司实施重大发展战略的生命线工程。工程建设中，管道局尊重科学，全面推行项目管理法，实行项目经理负责

兰成渝成品油管道工程在山区施工

制，全面实施HSE管理，严格按标准和程序规范运作，努力与国际标准接轨。在业主、政府监督、监理、施工、检测等构成的管道建设管理环节中，管道局精心组织、科学施工，按期优质保量地完成了各项施工任务，赢得了业主、监理方的信任和赞誉，也赢得了市场信誉。

管道局自成立以来一直将工程质量和安全视为企业的生命。兰成渝管道质量要求高（陕京线要求焊口一次合格率80%，涩宁兰要求85%，兰成渝被提高到90%），被业内称为当时国内施工质量要求最高的工程。管道局做到了，合格率高达96.3%，这在此后的汶川大地震中得到了充分证明。2008年5月12日14时28分，汶川大地震，震区满目疮痍，而兰成渝管道却岿然不动；13日12时38分，兰成渝管道一天之内重新启输，抵抗住了强震和洪水的考验，以每小时660立方米的输油量为抗震救灾立了大功。“生命线”工程的意义可见一斑，“生命线”工程的设计水平和工程质量得到印证。兰成渝管道工程设计获全国优秀工程勘察设计金奖，兰成渝管道工程荣获国家优质工程银奖。此外，工程建设中，管道局没有发生一起亡人事故，这在所有参建单位中不能不说是一个奇迹。

管道局中标了管道勘察、设计、采办、安装、制管、防腐、土建、监理、检测等工程建设任务，还承担了线路的通球、打压、试运行等工作，占全部工程量的80%以上。管道局18家参建单位协同作战，创新性攻克了山地施工、隧道作业施工、水网施工、冬季施工等多项施工难题，圆满完成各项工程建设任务，再一次证明管道局是管道事业生存与发展的核心力量，再一次证明管道局的“国家队品牌”是靠我们的技术、施工、管理实力打造出来的，实至名归。

2002

西气东输：建超级工程，搏精彩人生

西气东输是国家实施西部大开发战略的标志性工程，把新疆塔里木的天然气通过管道输送至上海等长三角地区，途经甘、宁、陕、晋、豫、皖、苏、沪、浙等省区市，全长约4000公里。这条全国最长的输气管道，自西向东依次穿越了戈壁沙漠、河西走廊、黄土高原，攀越吕梁山、太岳山、太行山，三次穿越黄河，并穿过长江、淮河和江南水网，是当之无愧的世纪工程，超级工程。沿途地形地貌之艰险，施工难度之复杂，堪称世界管道建设之最。工程2002年7月开工，2004年10月1日全线贯通，同年12月30日投入商业运营。

作为国家队，管道局必须是主力军。管道局以建设世界一流工程为己任，精心组织，科学施工，发扬“人生能有几回搏，西气东输不搏算白活”的精神，攻坚克难，屡创佳绩，做出了突出贡献，谱写了一曲中国管道建设者的壮美赞歌。

产业优势，主力担当

管道局充分发挥管道建设全产业链优势，全方位参与工程建设，承担了70%以上的综合工作量。承担全线的勘察和初设任务，以及大部分施工图设计；承担全线27个标段中的14个标段施工，占总量50%；承担38条大型江河穿跨越中的32条，占84%；承担84个站场阀室安装，占45%；承担100%的通信光缆硅管敷设，50%的工程监理，60%的物资配送，63%的无损检测，80%的进口钢管防腐，60% 的东段干燥；在制管、弯管、质量监督等业务中，也拿到相当工作量。管道局参与的专业之多，承担的工作量之大，名列各参建单位之首。

科技创新，引领行业

西气东输工程是当时国内建设水平最高的输气管道工程，管道局依托科技创新优势，引领了行业发展。工程距离长、口径大、材质高，技术难题重重。管道局开展了系列科研攻关：承担了 X70 钢焊接、全位置自动焊、单面焊双面成型焊接工艺等研究项目；制定了 20 多项施工技术标准，指导全线；应用全球卫星定位系统（GPS）、地理信息系统（GIS）选线，使靖边至郑州中线方案较原方案缩短 76 公里，新疆南湖戈壁段拉直方案，缩短线路 130 公里，大大节约了工程投资；研制的大口径管道全位置自动焊机、坡口整形机、气动对口器等施工机具，技术性能达到或超过国外同类产品，30 多项科研成果填补了国内空白；研制了大口径橇装式多功能管道外防腐作业线、大口径管道内涂敷作业线、大口径管道弯头生产及外防腐作业线；开展“短平快”的实用型科研项目攻关，研制或改造了一批适合工程用小型施工机具；创新发明了沙漠、山地、黄土塬和水网等特殊地质条件下的施工工艺工法。这些成果，为保证工程质量、提高工程效率效益，发挥了重要作用。

攻坚克难，威武霸气

西气东输横亘中华大地，管道局不仅是唯一贯穿全线的建设单位，而且承担了全线最艰难的水网地段、太行山区、百里风区无人区和最艰巨的长江、黄河、沁河穿越施工。面对众多“之

▲ 西气东输管道工程

最”，管道局尽显国家队风范。

决战百里风区、无人区。西部 4、5 标段，地处沙漠、戈壁无人区和百里风区，社会依托极差。一个机组的正常运行，需要 65 部车来保证，1 吨水的成本达 120 多元，有效工期只有 7、8、9 三个月，加上毫无规律的大风、80% 以上的岩石段和高温，是全线最艰苦的标段。参战将士战风沙、斗酷暑，发挥大流水全自动焊机组的威力，打攻坚战、“闪电战”，仅用 100 天，就完成了 600 多公里的主体焊接，快速通过百里风区、无人区，穿过星星峡。

鏖战太行山区。中部 19 标段，地处太行山顶部，山高坡陡，最大坡度达 70 度以上，石坚路险，沿途都是青石板，管线要上山顶、跨峡谷，攀悬崖、爬峭壁，是工程最艰险的地段。面对险象环生的作业环境，将士们发明了炮车运管、轻轨送管、沟下组对焊接等山地施工法，解决了施工难题。在坂河山、张虎街大山涧，作业带和管沟开挖完全靠爆破。在南留沟，两边是悬崖峭壁，中间是急流深沟，工人们身系安全带，悬在半空中焊接。经过顽强拼搏，“青石板上敷管道，手牵气龙越太行”，提前5个月完工。

攻克江南水网。东部25、27标段，属江南水乡，河流湖泊密布，水塘连片，沟渠纵横。雨天多、拆迁多、穿越多、连头多、措施用料多、机组搬迁多，导致进场难、出场难、施工难，是全线公认的最艰难地段。建设者发明了圆浮筒、小型钢架桥等水网施工机具，创新应用单面沉管下沟、双面沉管下沟、二次下沟、涵管穿越、沉井降水、挖泥船水下成沟等水网施工法，大大提高了工效。

拿下卡脖子、要塞工程。为确保2003年“十一”靖边至上海段通气，管道局负责实施长江、黄河穿越备用方案。长江穿越有效工期不足一月，地质情况复杂。广大职工顽强拼搏，与天争时，圆满完成穿越任务。黄河穿越长度3600米，因中砂层液化严重，地层软硬极不规律，导致钻进速度变化无常。对此，管道局首创带马达动力钻进，使用了“快速水化泥浆罐”，并优化泥浆配方，取得了穿越大捷。沁河穿越，地质情况复杂，卵砾石、中粗砂层交织，成孔困难，1016毫米口径钢管在此地层中钻进，国内没有先例。参战职工以科学求实的态度和团结协作的精神，战胜5处塌方、20处冒浆，用不到15天的时间，攻克了东部最后一个要塞。

创新管理，运行高效

为把工程建成世界一流工程，管道局在工程准备、投标报价、现场管理、工程索赔等环节，均按国际标准操作。采用先进的P3、EXP等管理软件，严格执行FIDIC条款，全面建立可操作的管理程序，对工程进度、质量、效益实施三位一体的立体型管理；建立科学合理、运转高效的管理体系，成立工程建设指挥部和三个协调组，确立了“统一指挥、责权明确、激励到位、思想保证”的管理模式，做到了政令畅通、步调一致、协同作战、运行高效；严格执行ISO9000和HSE管理体系，每个机组均设立HSE专职管理员，所有施工现场都按HSE要求管理，得到了业主和监理的高度评价。

屡创纪录，舍我其谁

施工中，各单位你追我赶，永争第一。全自动焊，先是一公司创造了日焊接120道口的纪录，紧接着三公司达到135道口，随后二公司再传捷报，创造了日焊接149道口的全线最高纪录。沈中华机组创造了全线自动焊月焊接2044道口新纪录。半自动焊，陈军机组创造了单机组日焊接105道口全线最高纪录，郝虹晓机组创造月焊接1434道口新纪录。质量上同样精益求精，陈龙机组创造了半自动焊单机组连续焊接1713道口、一次合格率100%的全线最高纪录；毛宾机组创造全自动焊单机组连续焊接2092道口、一次合格率100%的全线最高纪录。

西气东输建设为管道局提供了广阔舞台，而管道局也紧紧抓住这一历史性机遇，全方位参与。自此，管道局的装备达到世界先进水平，技术领先，核心竞争力迅速提升，培养了一大批优秀的工程管理人才，造就和锤炼了技术精湛、作风顽强、善打硬仗胜仗的管道铁军。

管道局为我国管道建设史增添了浓墨重彩的一笔，而这条钢铁长龙也正以高水平、高效益回报伟大的祖国和人民！

2002

利比亚西部管道：一块红绸布

一块红绸布的故事，发生在利比亚。

2002 年 12 月 10 日，利比亚西部管道工程开工典礼在利比亚海滨城市美丽塔举行。参加典礼的有来自各界的嘉宾，几百人，热烈而隆重。时任管道局局长苏士峰与中国驻利比亚大使罗兴武、利比亚国家石油公司主席、业主阿吉普公司主席一道，剪开了象征开工的红色绸布。当时谁也没有注意到，有一个人将剪下的一块红绸布悄悄地揣在了口袋里，他就是业主公司的项目主任保佐。

在当晚举行的开工宴会上，大家频频举杯庆贺的时候，保佐突然站起来，拿出他剪下的那块红绸布，非常仔细地平铺到桌子上，当时大家都很奇怪，不知道保佐要做什么，全停下来看着他。

保佐拿出笔，在红绸布上写下了“see you on 16 May 2004, G.M.Bozzo 10. 12. 2002。”2004 年 5 月 16 日，这是合同规定工程完工的日期，保佐在红绸布上写这个，要做什么？

只见保佐拿起红绸布走到苏士峰面前，笑呵呵地说：“苏先生，你一直说有信心能按时完工，现在你敢不敢做个书面保证，在这上面签个字啊？”保佐这一举动，让在场的嘉宾都一愣，所有人的目光都聚到了苏士峰身上。

当时在场的中国人，心一下就悬了起来，签还是不签？签，就是承诺，就意味着以后无论遇到什么样的困难，出现什么样的特殊情况，2004 年 5 月 16 日必须完工，没有一点变更工期的余地！完不成，就要按天计算交违约金。可这项工程是那么容易干的吗？

▲ 利比亚西部管道工程

利比亚工程，是一项世界级的大工程，施工中困难重重，主要有三大难点。第一，岩石地段的管沟开挖，全线 85％以上是岩石地段，必须爆破开沟。利比亚政府对炸药使用控制十分严格，在以往的工程中，没有一家外国公司被允许自行爆破施工的。在工程中标时，许多外国公司说：“中国公司不行，中国公司将要被岩石征服。”第二，钢管运输，全线要运钢管一万一千多车次，运输距离最近四百公里，最远的要一千多公里，总距离相当于绕地球 410 多圈。如果是在平坦的大路上，并不算件难事，可那里是无路可走的，走的是撒哈拉大沙漠，走的是戈壁荒滩，遍地是砾石，随时都可能把车胎扎破。第三，社会依托条件差，环境复杂，政治影响因素非常大。工程复杂，工期要求又非常紧。原定工期 26 个月，签合同时业主又给压缩了 3 个月。这么多的难题，这么多的客观因素，这个字可怎么签？

可如果不签，就等于示弱了，好不容易击败27家外国公司，挤进了一直被西方国家垄断的利比亚石油建设市场，想通过利比亚工程，在国际上树品牌，不能仗还没打，就先输一阵吧。

面对保佐的突然袭击，苏士峰只是微微一笑。他拿过笔，在红绸布上稳稳地签上了“苏士峰”三个大字，然后微笑着将笔还给了保佐。望着苏士峰自信的面孔，在场的中国人受到了鼓舞，掌声雷动。

保佐看了看苏士峰的签名，又走到了中国驻利比亚大使面前说：“大使先生，您为中国公司做个见证，也签个字吧！”保佐要求大使签字，意味着工程能否按期完工，已不仅仅关乎企业的声誉，更是关系国家的荣誉。只见罗大使接过笔，对保佐说：“我相信苏局长，相信我们中国公司的实力。好，我来做个见证。”说着，在红绸布上签上了自己的名字。

接着，在保佐的要求下，利比亚石油公司的主席、阿吉普公司的主席、在场的业主公司的几位管理委员会成员作为见证人都分别签了字。当然，他也没有放过项目的直接执行者——项目经理葛书义。

最后，保佐拿起那块签满名字的红绸布，又非常仔细地看了一遍，说：“我要把它挂起来，2004年5月16日，我希望能如期还给苏先生。”

保佐回去后，给这块红绸布镶了一个精制的玻璃镜框，真就把它挂起来了，挂在了他办公室墙上最醒目的位置上，让每一个进入他办公室的人首先看到的，就是这块签有中、英、阿三种文字名字的奇怪镜框。每当有不知情者问起时，他就不厌其烦地讲述这块红绸布的来历。保佐一直不相信管道局能按期完工，以前，他多次想说服苏士峰局长将工程转包给其他公司，被婉言谢绝了。

现在，他要让所有人都知道这块红绸布，他要给所有人都留下一个中国公司能否按期完工的悬念。

这块红绸布，它深深地刺激着管道人，管道局 1200 多名参建职工暗下决心，局长的字不会白签，我们决不会让红绸布成为外国人耻笑的话柄！

在岩石段管沟开挖中，管道局成为利比亚允许自行爆破施工的第一家外国公司，承担爆破任务的岩土路桥公司开创了月爆破 127 公里的纪录；建立严密的钢管运输调度控制系统，平均每月运 100 公里钢管，提前 2 个月完成了全线的钢管运输任务。2003 年春，中国爆发非典疫情，利比亚政府严禁中国公民入境，在缺人缺装备的情况下，管道局调整施工组织，发扬石油管道工人特别能吃苦、特别能战斗、特别能创造的精神，硬是将工程进度按照合同要求稳步、快速地向前挺进。

中国公司雄厚的实力，井然有序的施工组织，中国工人娴熟的技术，顽强的拼搏精神，深深地感动了保佐，他对中国公司的印象有了彻底改变。2003 年 8 月，由于工作需要，保佐先生要调往威尼斯。临行前，他专程来到驻地告别，这个几乎从来不表扬别人的人，破天荒地说：“我相信你们能够按期完工，等到 2004 年 5 月 16 日，我要专程回来，把这块红绸布亲手还给苏士峰先生。”

这一天终于到来了，2004 年 5 月 16 日，苏士峰如期抵达利比亚，参加完工仪式。中国驻利比亚大使、利比亚国家石油公司主席、阿吉普公司主席纷纷前来祝贺。非常遗憾的是，保佐因为公务原因无法赶到。但是，他专门委托业主阿吉普公司主席福瓦德将红绸布还给苏士峰局长。在仪式上，福瓦德感慨万千地说：“利比亚西部管道工程在非常困难的条件下按期完工，开创了外国公司在利比亚按期完工的先河，实在是一件值得兴奋的事情。当时我们将这项工程授予中国公司的时候，外界许多人对能否按期完工表示担忧和怀疑，事实向外界证明，我们选择中国公司没有错，这不仅是中国公司的成功，也是阿吉普公司的成功。那块红绸布，应该还给苏先生了！”福瓦德郑重地将那块镶有精制玻璃镜框的红绸布交到苏士峰手中。苏局长双手接过红绸布，久久地凝视着，他探下身，深情地在红绸布上吻了一下，然后把它高高举过头顶。这时全场响起了热烈的掌声，经久不息。望着那块红绸布，在场的中国人流泪了。

苏士峰激动地说：“红绸布上的签字就是承诺，承诺在中国就是军令状，它不仅给我也给我们的员工带来了巨大的压力和动力。汗水能够洒在地中海，泪水不能落在地中海，凡是我们承诺的事情，无论遇到什么困难、多大的难题，我们都能够竭尽全力克服和战胜。今天，我们按期完工，兑现了我们的承诺，这个红绸布将成为历史的见证，它见证了中国石油工人的智慧和毅力，见证了中国公司有能力建设国际一流的管道工程。”

作为历史的纪念，这块红绸布现在陈列在中国管道博物馆。这块红绸布，承载着管道人开拓国际市场的艰辛与辉煌，记录了管道局赢得的尊严和荣誉，它诉说着管道建设者那段悲壮动人的故事。

2003

忠武线：敢干天下险，誓为管道先

这是一条汇聚了几代石油人梦想和希望的管道。1971年，国家就提出了建设川气出川的输气管道项目。1974年，毛泽东等国家领导人对管道项目圈阅通过。但由于种种历史原因，项目建设被搁浅，且一搁就是将近30年！

随着国家西部大开发战略的逐步实施和四川盆地丰富天然气资源的开发，忠武管道建设项目被重新提上了议事日程。2002年11月13日，国家计委下达通知，重庆忠县—武汉输气管道工程可行性研究通过国务院批准。2003年8月28日上午，忠武线开工仪式在湖北宜昌红花套镇举行。这条汇聚了几代中国石油人的梦想与希望、惠及“两湖”人民的能源大动脉，终于拉开了开工建设的序幕。

忠武线西起重庆忠县，东至湖北武汉，支线包括荆州至襄樊、武汉至黄石、潜江至湘潭3条管道，总长1350公里，设计年输气量30亿立方米，是西气东输工程的重要组成部分。

管道沿线途经渝东鄂西410公里沟壑纵横、“寸土寸金”的山区和水网交织、人口稠密的“两湖”平原，全线穿跨越大中型河流49处，并在重庆忠县、湖北红花套、武汉军山和湖南城陵矶4次穿越长江。

管道局作为中国石油管道建设的主力军，承担了忠武线的勘察设计、施工、监理、检测、制管、防腐、物资供应等任务，综合工程量占全线工程总量的75%以上。忠武线是管道局多年来参建管道中，集难点、险点于一体的管道建设项目。

山区攻坚克险

在管道局承担的近 50% 的鄂西山区段，常年雨雾，山高坡陡，沟深路险，并时常面临山洪爆发、山体滑坡、泥石流等自然灾害的侵袭。

由于施工点多无道路，甚至没有作业面，布管尤为困难。施工队伍在两山之间架起临时索道，用索道将钢管发送至对面山顶，或者吊放至山涧处布管。有的岩坡怪石嶙峋，崎岖不平，施工人员就在上面搭建临时轻型轨道，用轻轨滑车运管。在陡坡段，施工人员制作了“双轮管梁炮车”，雇用当地大马力小型柴油机车牵引布管。实在没有路，他们就用单斗一根接一根地吊运搬移。山高坡陡，作业带狭窄，而作业带外侧多是深不见底的沟涧，单斗行走布管时，内侧经常发生塌落和滚石现象，一个往返往往需要 4 个小时，1 天只能布 3 根管。

针对山区施工的特殊条件，在无法开展大流水作业的情况下，施工单位将原编制 30 多人的大机组拆分成八九个人的小机组，被称为“游击施工”。二弧焊机上不去的陡坡，施工队伍就 4 人一组，用两根扁担抬着焊机上坡，汽车无法到达施工点，焊工就自己背着焊条上，最远的要走 2 个小时。因为坡度太大，往往采取沟下焊。为确保安全，焊工们腰上都系着绳索，另一头系在附近的大树上，以保持身体平衡。在管沟内，他们用“四不搭”（一种用于吊管的支架）将钢管用倒链吊起，上下轮流焊接。在靠近山壁、沟壁焊接时，处于狭小地带作业的焊工，因右手拿焊把，无法采取正常姿势施焊，就用脚蹬踩住岩壁，左手支撑在钢管上，身体倒悬，紧靠山体，用脚在上、头

▲ 忠武线木龙河悬索跨越

在下的倒立姿势焊接。为保证焊工头脑清醒和焊接质量，有的焊工休息时专门练习倒立焊接的本领，酷似航天员在训练。

在悬崖下、深沟深涧中作业时，队伍采用了“三防棚”（防风、防雨、防石），避免碎石下泄。此外，还要随时清理沟边危石，HSE 管理人员监视放哨。

恶战泥潭

两山相夹的山谷地段，山上溪水和淤泥、红砂岩流入谷中，常年浸泡，形成了当地人口中的"冷浸田"。这种田表面上一马平川，下面却全是稀泥，有些地方深得甚至无法探底，3 米高的挖掘机就曾被陷过，几乎没顶。施工时首先要清淤，清出硬底，再放上树干支撑，这样设备就不会被陷。作业时，要在作业带两侧筑坝拦水，或是用水泵排水，沟上焊接，整体下沟，一边清淤，一边在作业带上垫钢板、竹排，铺圆木加固，以便大型设备机具顺利通过。尽管采取了措施，但焊工在钢管下面作业时，还是免不了半个身子卧在水中，每天都是泥水满身。

中国石油第一盾

2004 年 4 月 1 日，管道局在湖北宜昌红花套长江岸边举行庆典，庆祝 3 月 22 日红花套长江盾构穿越工程全面贯通。这就是著名的"中国石油第一盾"。为此，管道局引进了第一台具有国际最先进水平的泥水加压平衡式盾构机，而这也是由管道局第一次开展盾构穿越业务。盾构设备的引进是管道局产业结构调整的重大举措，是拓展施工领域的大胆尝试。中国石油第一盾的胜利竣工标志着管道局在管道施工领域拥有了自己的盾构设备、技术人员和盾构施工技术，为中国管道建设开辟了新领域，也为管道局拓展国际市场打开了一条新路。

在无透视点，经常遇到塌方、漏水，江底卵石严重卡钻等诸多困难面前，管道局盾构队伍认真学习吸收国外先进盾构技术，不断优化施工方案，保证了宜昌长江盾构的顺利贯通，在允许技术误差 ±100 毫米的标准下贯通误差仅有 21 毫米。不仅如此，管道局在施工中还不断进行技术改造和创新，对盾构设备进行技术改造 8 项，填补了 5 项国内管道施工领域空白。

穿越汉江

就在中国石油第一盾顺利贯通的当天，管道局忠武线建设还有“一喜”：重要控制性工程汉江穿越告捷。

3 月 22 日上午，在襄樊至荆州高速公路大桥东侧的汉江，管道局四公司动用 8 台总牵引力达 200 吨的推土机牵引，在汉江由南向北，经过整整 7 个小时的紧张作业，重 1000 多吨、长 1400 米的钢龙穿江而过，并按设计要求深埋至江底。至此，管道局创造了水中江底大开挖施工距离最长、开挖深度最深的两个国内第一。汉江穿越的顺利完工，为整个忠武线荆襄支线的如期完工赢得了时间。

严防血吸虫

管道局承担的忠武干线 10 至 13 标段的荆州、仙桃及襄樊支线、湘潭支线，是血吸虫病的高发区。多年来，人与血吸虫进行着永无休止的拉锯战，毛泽东主席所写的《送瘟神》更多地是表达了一种希望，血吸虫病这个瘟神至今也没被完全送走。由此可见，血吸虫的传染力之强，传染范围之广，万万不可轻视。管道局所有进入疫区的单位全线展开血吸虫病的防治工作。通过采取宣传思想工作到位、技术防范措施到位、保障机制到位等措施，管道局在江汉疫区施工的 3500 多人，无一人感染。

2004 年工程竣工。通过忠武线建设，管道局在两湖地区打出了“中国石油管道”的品牌，叫响了“敢干天下险，誓为管道先”的豪迈口号，管道人“特别能吃苦，特别能战斗，特别能创造”的优良作风进一步得到发扬。

2005

西部管道：国内 EPC 工程的里程碑

西部原油成品油管道工程是继西气东输之后，又一项国家重点工程和西部大开发的标志性工程。该工程对建设国家石油管道运输网、连接中哈石油管道，保证国家石油战略安全、开发建设大西北以及中国石油的发展意义重大，影响深远。

工程西起新疆独山子，东至甘肃兰州，包括 2 条输油干线、9 条分输支线，采用双管同沟敷设工艺，干线总长 3690 公里。2005 年 3 月 1 日正式开工，管道人发扬“团结协作、追求卓越、高质高效、争创一流”的精神，拼搏奋进，攻坚克难，圆满完成工程建设任务。2006 年 7 月 31 日，成品油管道正式投产运行，2007 年 8 月 1 日，原油顺利到达兰州末站，打通了中国“西油东送”的战略大通道。

EPC 管理优势凸显

西部管道是中国石油系统内第一个 EPC 总承包项目，也是集团公司落实建设部关于大力推行工程总承包管理模式的第一个大型项目，是国内重大工程管理、体制的改革和创新，是实现国内重大工程项目管理和国际工程项目管理接轨的标志性试验项目。2004 年 4 月 6 日，中国石油决定由管道局对工程实行 EPC 总承包，这是管道局的荣誉，更是一份沉甸甸的责任。

作为西部管道工程建设 EPC 总承包商，管道局在 EPC 项目部成立之初就决心充分发挥三个优势，即发挥集团内部资源整合优势、发挥管道专业化优势、发挥EPC总承包管理优势，将工程建设成为集团公司EPC总承包的里程碑工程。

管道局在总结国际工程项目中实施的EPC管理模式和西气东输工程管理经验的基础上，紧紧围绕E、P、C三个关键环节，建立了以业主为核心、监理作为业主职能的延伸对工程进行监管检查、以EPC项目部为项目实施主体的一套完整的项目管理体系。编制了包括《质量手册》《HSE手册》《项目控制程序》《管线施工程序》等在内的117个程序作业文件，规范了项目管理行为，保证了EPC项目管理链条的有条不紊和平稳运转。这一体系的建立提升了管道建设管理水平，使我国管道建设方式迈出了新的一步，也是管道局与国际工程管理模式接轨的一次重要跨越。

▲ 西部管道山区施工

新技术引领行业发展

一批新工艺、新技术的广泛应用，有力推动了工程建设，也带动了管道建设技术的长足发展。

一系列施工技术取得突破。首次采用定向钻施工工艺成功穿越大型山体，开创国内穿越山体先河；管道近距离并行施工爆破试验填补了国内空白；超低温焊接技术取得重大突破，确保了冬春季施工质量安全。为管道长期安全平稳运行提供了坚实保障。

双管并行同沟敷设和原油成品油合并建站取得成功。首次采用双管并行同沟敷设和原油成品油管道合并建站技术，减少一次性临时用地 25800 亩，减少土石方量 350 万立方米，减少投资 43658 万元；将 27 座站场优化到 13 座，减少永久征地 320 亩，节约投资约 640 万元。

密闭顺序输送工艺技术应用取得成效。西部原油和成品油管道均采用了密闭顺序输送工艺技术，技术及管理要求高，在大大降低输油损耗的同时，减少了下游炼化企业加工设施改造费用投入，提高整体经济效益，大大降低环境污染风险，技术达到国际先进水平。

航空数字摄影测量技术成功应用。采用了航空数字摄影技术，先后两次对全线进行了优化，调整线路 480 公里，在成倍提高工效的同时，保证了与西气东输、鄯乌输气管道等已建管道的安全间距，减少了穿越铁路、公路、农田和已建管道的频次，大大减少了投资。

唱响时代铁人颂歌

工程自开工以来，管道局在 1800 余公里的施工现场，精心组织，克服了大量困难，攻克了沿线恶劣自然条件所带来的道道难关，创造了中国石油管道建设的新奇迹。

冲沟峭壁何所惧。后沟是横贯天山，沟通南、北疆之间的天然通道，地形起伏大，最大相对高差达 400 米。在西部管道经过的后沟沟谷，纵横交错着鄯乌输气管道及多种管道和光缆，在地势狭窄的后沟形成了地下“网”。20 多公里施工段，要两次翻越百米的陡峭山壁，10 次穿越峡谷和冲沟，施工中需打炮眼两万余个，车辆和大型设备进不去，施工便道无法形成，作业面非常狭窄。

管道人集思广益，广泛开展合理化建议活动，在急、难、险、重地段，党员总是攻坚在前，经过8个多月的艰苦努力，提前21天完成管道主体焊接任务，一次合格率达到99.1%。

中国大山“第一穿”。仁寿山位于兰州市郊15公里处，是仁寿山风景公园的一部分。如果在山上开挖管沟，就等于给仁寿山“剃了光头”，不仅破坏了20多年精心呵护的植被，山下还会形成巨大的冲沟。如果穿越仁寿山，将面临诸多难题。一是距离长，中间地层无法打探孔，地质情况不明。二是穿越线路有三个山头，地势起伏大，地质复杂，容易塌方卡钻。三是由于地形限制，需采用“二接一工艺”，进入山体后，必须将钻机停机进行焊接施工，风险极大。在穿越施工中，管道建设者创新工法，先后克服扩孔器断裂等诸多困难，经过49个昼夜努力，2005年9月30日，1033米的仁寿山穿越一次回拖成功，管道建设史上再添一座新的里程碑。

中国石油第一顶。大沙沟位于兰州市安宁区，是一条深十几米、宽四五十米、长十几公里的大土沟，沟底污水稀泥淤积，每当大雨过后，山洪就会夹带着大量的泥沙肆虐而过，是当地自然形成的一条较大的排泄渠。西部管道要沿沟内敷设，并经过当地主要的交通枢纽刘沙公桥、双孔石桥和地震断裂带，设备无法进入，管沟无法成型。为了抢在洪水来临之前完成施工，管道建设者利用自行研发的新型顶管技术，成功完成大型采沙厂和沥青炼厂顶管穿越，创造出管道建设史上管线顶管距离最长、外径最大的新纪录，填补了行业的空白，在大沙沟里实现了“中国石油第一顶”。

“海到无边天作岸，山登绝顶我为峰”，在西部管道建设中，管道局不辱使命，实现了“创建卓越工程”的建设目标。

2007

印度东气西输工程：龙象共舞，为品牌而战

印度东气西输工程起于印度东海岸安德拉邦的卡基那达市，止于西海岸古吉拉特邦的巴鲁奇市，线路全长 1368 公里，管径 48 英寸（1219 毫米），钢级 API5LX70，设计压力 10 兆帕。管道局中标了 8 个管线标段中的 6 个，以及 4 条大型河流的定向钻和 2 条大型河流的顶管穿越，线路总长 1088 公里。项目原定 2006 年 10 月 1 日开工，但由于劳务签证遇阻、公司注册缓慢、清关滞后等因素，于 2007 年 2 月 18 日才打火开焊，2007 年 3 月份全线正式开工。管道局于 2007 年 12 月 31 日完成主体线路焊接，2008 年初全面完成各项收尾工作。

龙象共舞，撬动新市场

项目业主是印度最大的企业 Reliance 工业公司。项目在全球公开招标以来，作为中国管道界领军企业的管道局就开始了深入思考：这是一次打入南亚市场、实现 CPP 品牌战略的难得契机；与 Reliance 这样一家位居世界 100 强前列的综合性大型企业的合作势必存在相当的困难，但不与巨人合作，又如何能成为未来的巨人？管道局最终的决定是，投标！经过数月之久的实地考察和艰苦谈判，管道局以专业化的素质以及多年来取得的工程业绩脱颖而出，战胜了俄罗斯、意大利、希腊及印度本土的 10 多家国际化大公司，成功中标 6 个管线标段，横跨古吉拉特、马哈拉施特

▲ 印度东气西输工程管道穿行花海

拉、卡纳塔卡、安德拉 4 大邦。消息传来，全局上下欢欣鼓舞。这是管道局首次进入南亚市场，CPP 的旗帜即将在印度的土地上飘扬，又一片新的市场天地被打开了！

运筹帷幄，打造加速度

兵马未动，粮草先行，营地建设势在必行。项目部 11 月底下令，全线各标段务必在 2006 年 12 月 25 日前完成营地建设并达到入住条件。业主听后直接笑了——“这是不可能的，那么大、这么多的营地怎么可能在一个月内建好？没有三四个月根本完不成。”但在管道局的词典里就没有“不可能”。一时间，全线各标段迅速动手，大批雇用当地劳工，在 CPP 技术人员的指挥教授下建地基、疏通上下水道、完善电力设施……12 月上旬，全线第一栋板房在 8 标段建起；随后，5 标段营地第一个达到入住条件；4 标段营地不仅按期完成而且功能齐全、布局合理；3 标段营地在棕桐成片的海德拉巴地区分外惹眼；6 标段营地刚刚建成就有当地地主想买；7 标段在营地建设之初遭遇了当地村民无赖的骚扰，没有分包商和劳工敢来干活，管道工人硬是一砖一瓦一个螺丝钉地赶在最后期限前完成。全线 6 个标段 6 个主营地，在一个月内全部建成，办公区、生活区、设备区、废料堆放区布局合理，水电设施一应俱全，每个房间都有空调，每个营地都有转接国内卫星电视的收发器。看到白体蓝顶的板房在印度炙热的阳光下熠熠生辉的时候，业主竖起了大拇指，直夸 CPP 的速度神话。

红树巍然，为品牌而战

印度工程仅在开工一个月内就实现了质的飞跃，迅速度过磨合期。然而，工程此后就进入了最艰难的时刻。虽然进度在逐渐提升，但距合同规定的“半自动焊日焊接 30 道口，全自动焊日焊接 70 道口，一个月保证 188 公里工程量”的目标还有一定差距。石油人常说“人无压力不行走，井无压力不喷油”，困难也从未吓倒石油管道人。2007 年 4 月 6 日，项目党工委在全线发起“弘扬‘红树’精神，打造 CPP 品牌，大干 90 天”劳动竞赛活动，号召全体参战将士发扬 CPP 人能吃大苦、善打硬仗、从不言败的光荣传统，全面提高施工进度，确保在雨季前完成大部分控制性工程，用进度与质量向业主证明 CPP 的实力。早上 4 点多，工人们就都登上了前往工地的大巴，在颠簸的路途中稍稍休息一下后，便披着尚未退去的夜色在辛勤的劳作下迎接每天的黎明。4 月份的印度异常炎热，从上午 8 点到傍晚 7 点，现场温度都在 50 摄氏度左右，傍晚时分气温虽有所下降，但成群的蚊虫又“如约”上场，开始肆虐。在全线如火如荼、进度节节攀升的时候，4 月上旬，一场突如其来的疫情又袭击了管道局项目部孟买驻地。一周时间不到，

30 余人持续高烧不退，饭吃不下、觉睡不着，头晕、恶心、四肢乏力。而当地医院却无法在短时间内确诊。在这种极度困难的情况下，办公室里依然是忙碌的身影，没有一个人退却，没有一个人因病情而耽误工作。大家都是吃着药、咬着牙，强忍着病痛的折磨，推动着项目部的整体运作。后来，在局领导的关心下，在局中心医院的支持下，疫情逐渐缩小，病情得到控制。5 月、6 月，在高昂的士气与得力的施工组织下，进度继续攀升。截至 6 月底“大干 90 天”劳动竞赛结束，全线各标段在 3 个月内共完成了 320 公里管线焊接，扭转了 CPP 在 Reliance 印象中焊接进度缓慢的印象，完成了 80% 的控制性工程。期间，4 标段杜江机组创下半自动焊日焊接 82 道口最高纪录，5 标段 CRC 机组创造了全自动焊日焊接 101 道口纪录，河流顶管分部也恰在此时实现全线第一个完工。业主的评价是：“CPP 能在 3 个月内完成如此大的任务量，了不起！”

风雨骤来，敢于斗“天公”

印度一年只分旱雨两季，雨季 7 月中旬始 9 月底结束。每年雨季，倾盆大雨几乎天天下，随时下，其雨量之巨、雨势之猛，管道人从未见过，甚至无法想象。雨季一到，现场一片泥泞，不仅进场道路无法通行，施工人员在强大的降雨中也根本无法工作。但遍地泥泞、漫天风雨摧毁不了管道人的意志。现场配备防雨棚，雨天防暴雨，晴天防暴晒，工人们常常踩着齐膝深的淤泥进入现场工作。在雨季，有三分之二的时间无法进行现场作业，但就是在如此艰难的情况下，印度工程于 7、8、9 三个月共完成焊接 172 公里，超额完成预期目标。其中，4 标段创下了 Noreast 全自动焊日焊接 85 道口的新纪录，率先突破主体焊接 100 公里，并率先实现作业带全线贯通。这为第三阶段的歼灭战打下了坚实基础。

奋力一搏，打赢歼灭战

雨季结束，除去分包出去的工程量，还有 284 公里主体焊接没有完成，要想在之后的 3 个月内完成这 284 公里及后期收尾工作，惟有合理组织，科学施工。10 月 7 日，项目党工委在印度全线发起“菩提树 12.31 机械完工平安回家过大年”的新一轮劳动竞赛，工程进入倒计时。10 月 9 日，4 标段全自动焊 Noreast 机组以日焊接 95 道口刷新了自己的纪录，随后半自动焊杜江机组创造了日焊接 105 道口的新高。10 月 18 日，4 标段首家主体完工；3 标段 10 月 29 日实现主体完工；其余标段及岩石顶管、爆破、检测、HDD 分部也均于 11 月初分别实现了主体完工。11 月下旬，工程全线进入连头、回填、站场阀室施工和试压等后期收尾阶段。成建制的机组分散开，开始实施针对各个点的歼灭战。12 月 31 日，除因业主原因未予释放的部分作业带外，工程全线实现主体完工。

通过印度东气西输工程，管道局的国际地位得到了显著提升。尤其是首次成功建设 1219 毫米口径大管道，为国内西气东输二线建设积累了宝贵经验。工程建设中，一大批新工法、新技术得到大范围的成功应用，如 CRC 全自动焊接技术、大口径弯管机的应用、PE 袋压载技术创新等，更重要的是，培养了一大批技术工人和国际项目管理人才。

工程建设中，“红树”精神深入到每一位员工心中，那种扎根海外、只要有一点儿土壤就生根发芽的精神在印度得到了完美体现。全线近 2000 名参战员工离家别子，远赴万里，为了 CPP 的荣誉，为了工程胜利，默默地奉献着自己的智慧与汗水。

2007

俄罗斯远东管道：为了祖国的能源，为了 CPP 的荣耀

俄罗斯远东管道，是管道局也是中国人第一条在高纬度、高严寒、永冻土条件下建设的管道。管道敷设在北纬 50 度以上、地震烈度 8 级以上的原始森林和沼泽地带，沿线最低温度达零下 64 摄氏度。

这是中俄两国能源合作的重大项目。管道全长 4000 余公里，从俄东西伯利亚延伸至太平洋，设计年输油能力 8000 万吨，支线到中国大庆地区，管径 1220 毫米，年输油能力 3000 万吨。一期工程 2700 多公里，分东西两段建设。西段当时已敷设 1500 多公里，俄方队伍没有继续往下敷设。他们知道，当年他们的先辈修建俄远东铁路，花了整整 20 年的时间。管道局就负责东段阿尔丹至藤达段中 170 公里管道干线建设任务。

2007 年 8 月 3 日，CPP 俄罗斯远东管道项目全线开工。这一天，管道局领导为全体中方参建员工鼓劲加油。他说，你们代表祖国和人民，肩负百万石油人的厚望和重托。希望你们发扬“没有条件创造条件也要上”的铁人精神，发扬“我为祖国献石油”的爱国主义精神。伟大祖国和百万石油职工都将为中国管道建设者的这种精神感到自豪和骄傲。

10 月初，现场一连下了 12 天的暴风雪，许多地方积雪深达 1 米以上，对建设者来说无异于一场磨难。进入 11 月份，气温急剧下降。在零下 40 多摄氏度的严寒下，机械故障频发，很多都是闻

所未闻：一天夜班连续断了两根焊机的大轴（传动轴）；用厚壁钢管和钢板焊接而成的布管用横担撕裂；单斗挖掘机几乎天天都要换液压管，有时一天要换好几根，干活的时间没有修设备的时间长……在极度严寒的野外修设备难上加难，戴手套，伸不进去拧不下来；摘了手套，碰哪都沾下一层皮。

天气奇寒只是困难之一，物资奇缺、交通不便、通信落后、社会环境复杂、生产协调困难，尤其是工人和设备都不适应在如此高寒地区连续作业……

千难万险，方显中国管道建设者的英雄本色。困难再大，办法更多。对设备进行一系列技术改造，解决了设备在低温下运转问题；人员怕冷，那就多穿，身体尽量不外露，尽管看起来十分臃肿，厚皮靴里面加一层棉保暖内胆，外面再加一层职工用毛毡自制的鞋套；前线物资匮乏，这就要求过境人员尽量多带些东西，大到设备配件，小到锅碗瓢盆，甚至烹饪调料。修理工夏咸才一个人就带了 70 公斤焊丝。海关对私人物资限重，他丢下自己的日用品也要带上焊丝。许多职工也都是这样干的。

管段位于萨哈共和国境内，地广人稀（面积 310 万平方公里，人口 95 万），大部分地区是原始森林。优美的风景却到处是管道施工的陷阱：管道多处于原始森林或沼泽地带，地下有石方、泥淖、永冻土层，沿途穿越大型河流 3 条，中小型、季节性河流 32 处。盛夏的远东是蚊虫的世界，体大量多，刚施

工时又遇连绵阴雨。建设者头戴养蜂人的面罩，人拉肩扛，伐木垫路，硬是将设备运进了工地。测量放线员张扬有一次数了数，尽管有面罩，他还是被叮了100多个包，工作服完全被叮透。有一次，项目总调度长到工地检查，发现工人在雨中一干就是十几个小时，而浑身被雨浇透的技术骨干却连连道歉："对不起，今天没有完成任务，只焊了28道口。"有着近40年国内外管道建设经验的总调度长心疼得落泪了，因为他知道，同等条件下，国外的工人能焊8道口就不错了。

最难的还是冬季夜班焊接作业。一位焊工这样描述："焊接时俩人一组，每人焊半圈，一遍下来5分钟，脸就冻得受不了了，

▼ 俄罗斯远东管道工程

像刀割一样。常常是半圈焊下来，把焊枪和焊帽一甩，就把脸冲到碘钨灯下烘烤一阵，有时烤伤了也觉不出来，因为脸已经冻麻木了。打磨焊口时，半个小时下来，抱砂轮机的手就冻僵了，无法伸直，撒不开手，只好抱着砂轮机把开关磕在旁边的东西上关闭，然后再把砂轮机从手里磕掉。”

在管道大国干管道，俄罗斯人的傲慢，可以想见。开工伊始，俄方对中方队伍不满意，不信任，嫌中方进度慢，质量不符合他们的标准和要求。所以每次开生产调度会，他们几乎都在责怪中方。双方也产生过一些摩擦和纠纷。而一段时间之后，他们的态度完全变了，双方的合作变得融洽。是中国管道人特别能吃苦、特别能战斗、特别能奉献的实干精神，感动了他们。俄方监理负责人在俄罗斯干了 20 多年的管道工程，他认为，中国的管道建设队伍才是真正值得尊重的“铁军”。

在远东管道，管道局人员入境，签证被拖四五个月十分正常，设备入境、进场同样要突破重重关卡；管道员工遭遇袭抢，驻地被人为纵火；指挥车被泼硫酸、推土机被焚烧；遭受不合理停工，最长的一次超过 45 天才被准许复工；自购材料必须出高价，否则买不到……由于业主原因，最后这个项目明确亏损。

但，为了祖国的能源，为了 CPP 的荣誉，管道局都挺过来了，管道人都挺过来了，没有一个逃兵。2008 年 11 月，工程竣工。

2008

西气东输二线：从追赶到领跑

2008年2月，中国石油规划建设的我国首条引进境外天然气资源的大型长输管道——西气东输二线（简称“西二线”）正式开工，2012年底，工程全线建成投产，兑现了向全国人民做出的庄严承诺。

规模宏大，困难重重

这条能源大动脉规模宏伟，举世瞩目。工程西起新疆，横接中亚管道，南至广州，纵贯神州大地，一干八支，途经国内16个省、市、区，总里程超过9000公里。设计年输气能力300亿立方米，其中近5000公里干线全部采用X80钢材，设计压力12兆帕。西二线创造了我国油气管道建设史上线路最长、管径最大、压力最高等多项“之最”。管道沿线地质条件极为复杂，几乎囊括了沙漠、戈壁、平原、山区、水网等各种地貌，山体、隧道、河流等穿越工程不计其数，建设难度前所未有。

自主创新，引领发展

通过西二线，中国石油开创了在中国乃至世界大规模采用高钢级钢材、高压力设计、长距离输送天然气的先河；管道局成功应用了一大批我国自主创新、达到世界先进水平的管道建设科学技术，助推中国油气管道建设实现了从追赶先进到引领发展的历史性跨越。

▲ 西二线甘肃武威全自动焊接机组

管道局多项技术填补国家空白。采用卫星遥感、航测、三维设计、应变线路方案、压缩机站等负荷率布站等先进科技手段，展开多专业协同设计；开展了X80级钢管首次大面积冬季焊接，成熟应用全自动焊接工艺，管道焊接检测平均一次合格率达98%以上；开国内在役管道近距离爆破作业先河；实现了大口径、高壁厚、X80级钢管件的国产化。一项项创新技术不但加快了工程建设速度，也填补了国内空白。我们仅用4年多时间，就完成了国外发达国家至少需要6—8年才能完成的建设任务，创造了世界管道建设奇迹。

“八三”精神，永放光华

面对重重困难、巨大挑战，作为西二线工程总承包商的管道局，充分发挥主力军、国家队作用，团结带领数十家分包商和3万多名建设者，高举中国石油这面大旗，发挥中国石油整体优势和管道局全产业链优势，发扬大庆精神铁人精神、“八三”精神，

优化资源配置，科学组织施工，攻坚克难，顽强拼搏，不辱使命。

果子沟里抗风雪、爬过 38 道弯、6 月瓜州热浪袭、黄河底下管道人、争分夺秒战泥潭、暴风雨中排险路、5 天 5 夜过湛江……故事仍在延续，精神永放光芒。

管道局凭借专业化的管理优势和协调调度资源优势，积极实施设计、物资采办、施工；组织有方，协调有力，实施有序，管理到位；工程进度、主体质量、HSE 管理、投资控制，全面受控。

管道局牢记国企政治责任社会责任，牢记“绿水青山就是金山银山”，落实环境保护理念，一以贯之做好水土保持工作，用行动履行对自然和社会的庄严承诺。西二线工程被授予“全国水土保持示范工程”荣誉称号。

西二线是又一能源国脉工程，功在当代，利在千秋。建功西二线，大写管道人。自此，管道局的发展更加自信，中国管道建设的国家队、主力军，我们当之无愧！从追赶到领跑，我们就是中国管道的未来和方向！

2009

中亚天然气管道：打造和谐跨国通道

2009 年 12 月 14 日，中亚天然气管道通气仪式在土库曼斯坦阿姆河右岸天然气处理厂举行，中、土、哈、乌四国元首共同出席。时任国家主席胡锦涛这样高度评价中国—中亚天然气管道项目，"作为友谊项目，中亚天然气项目建设涉及范围之广、各国参与程度之高、社会效应之强、福泽民众之多，开世界各国交往史之先河，促进了中亚各国关系全面深入发展。今天，随着项目投产供气，我相信，承载了四国人民深厚友谊和辛勤汗水的中亚天然气项目，必将为建设持久和平、共同繁荣的和谐中亚注入新活力、做出新贡献。"中亚天然气管道与西二线相连，构成了一条横贯东西的中国天然气"主动脉"，它也是中国同中亚三国能源合作的里程碑，是各方充分发挥各自优势、努力实现互利共赢的光辉典范。

中亚天然气管道工程西起土库曼斯坦格达依姆，途经乌兹别克斯坦、哈萨克斯坦，东达我国霍尔果斯，与西二线连通。管道长 1833 公里，双线敷设，总长 3666 公里。设计年输气 300 亿立方米，采用 X70 级管材，口径 1067 毫米，设计压力 10 兆帕。它是迄今为止，中国唯一跨多国大口径天然气管道项目。在中亚管道施工中，管道局参建队伍认真落实胡锦涛总书记指示，秉承"建一项工程，拓一片市场，交一方朋友，树一座丰碑"的理念，在工程建设的同时，注重和谐文化的培育。

作为中国管道施工的专业化公司，建设国家能源通道是管道

▲ 中亚工程标准化布管

局义不容辞的责任。然而，中亚管道工程的挑战是严峻的。管道局要在不足 200 天的时间里，分别在乌兹别克斯坦、哈萨克斯坦和中国，设计、采办并建设 1986 公里管道，而此刻工程承包合同尚未签署，人员和设备动迁都是眼下急需解决的问题，更别说后面的难题。项目部经过不懈努力，先后打通了商务部、海关总署、商检总局、交通部和铁道部等多个部门，特别是乌、哈两国的相关部门，成功实施了开工设备的动迁。

管理团队秉持着“发挥 EPC 优势，以人为本、HSE 第一，质量、进度、效益并进”的项目管理理念，乌、哈两国境内同步建设。

在完成自己承担的任务都十分艰难的情况下，2009 年 3 月，因乌兹别克斯坦承包商 ZEROMAX 公司无法按期完成施工计划，为保证 2009 年底投产，管道局义无反顾，伸出援手。以薛枫为首的乌兹别克斯坦项目部勇挑重担，承担了原由 ZEROMAX 公司承包的 156 公里管线建设任务，迅速从中国和哈萨克斯坦调迁人员和设备，仅用 3 个月时间就完成了新增 156 公里的主体焊接任务，为确保中亚管道 A 线按期投产奠定了坚实基础。

在哈萨克斯坦，面对极为严峻的安全形势和零下 20 摄氏度的严寒，特别是面对劳务许可难办，工作难以为继的困扰，为完成业主下达的年底前 500 公里焊接任务，他们多渠道办理劳务许可，加强安全防范，鼓舞职工士气，按期完成任务，赢得了中亚管道建设的头彩。

管道局的专业与担当，得到了乌、哈两国业主的高度评价，更赢得了乌、哈两国同行和项目监理 MOODY 公司的尊重，MOODY 公司总监由衷赞叹：“CPP 是值得信赖的承包商！”

在开展工程建设的同时，中亚项目部主动了解当地的民俗民情，营造和谐。有损两国人民感情的话，坚决不说；有损两国人民友谊的事，坚决不做；努力适应项目所在国的文化环境，尊重当地的宗教信仰。乌、哈两个项目部多次组织捐款、慰问孤儿院等活动，受到了当地好评。项目部在施工之际，为当地修筑了 40 多公里公路，为当地人的出行提供了极大方便；还为项目部主营地努尔里修建了上水系统，使村民用上了自来水；参加当地举行的二战胜利纪念活动，拉近了与他们的感情。全项目为乌、哈两国直接创造了 3000 多个就业机会，间接创造了上万个就业机会。管道局号召广大员工与属地工人和谐相处，尊重他们的工作和生活习惯，特别是尊重他们的宗教信仰，坚决不做伤害他们信仰的事。

管道通气仪式结束，中亚管道成功交付，而项目推崇的和谐文化也深深地镌刻在辽阔的中亚大地上。

2011

伊拉克原油外输管道：创造中国速度

到 2011 年 11 月 10 日，管道局承建的伊拉克艾哈代布油田 4 号线原油外输管道工程投产运营满 3 个月，安全输送原油 600 万桶。

▼ 伊拉克艾哈代布焊接现场

至此，管道局在伊拉克油田建设市场创造了令业界都为之惊讶和佩服的“中国速度”：83天完成管线主体焊接任务，焊接合格率高达98.8%，创出时间最短、质量最高和进度最快三个“之最”；135天完成所有施工任务，一次投产成功。

伊拉克原油外输管道项目是伊拉克战后第一个对外石油合作项目。艾哈代布油田4号线原油外输管道工程，全长190公里，起于纳西里耶1号线管道末站，终于巴士拉省的TUBA站，途经伊拉克南部3个省区，共设置2座站场和6座截断阀室。管道基本与伊拉克战略管道并行，沿线荒地和沙漠居多，偶有灌木，少有村落，社会依托条件差。管道局负责工程的采办、施工与调试运行等工作。艾哈代布项目作为伊拉克战后第一个对外石油合作项目，没有任何经验可循，运作步履艰难。管道局项目部面临人员动迁难、图纸材料到位难、高温作业难和安全管理难的考验。

这项工程受到管道局高度重视，被视为打开伊拉克市场的金钥匙，并郑重承诺：建精品工程，铸诚信品牌。

2011年3月6日，艾哈代布油田4号线原油外输管道工程打火开焊以来，项目部建立健全QHSSE管理体系和OPF安保联络制度等，加强对质量安全管理工作的控制和监督。充分挖掘人员潜力，细化工程进度计划，优化施工组织设计，理顺施工流程，科学配置资源，层层分解工期任务。参建员工依托中国石油伊拉克分公司“三大一统一”（大后勤、大安保、大环境，统一组织领导和协调）体系平台，充分发挥石油精神、“八三”精神，战高温，冒酷暑，斗沙尘，以“中国速度”一路领跑。

建设中，项目部精心编制合同条款，针对每个单体项目特点，确定最合理、约束性最强的施工计划，合理规避风险；建立完善的属地员工薪酬制度，并以石油精神、“八三”精神为内涵的企业文化感染当地雇员，加大现场作业培训力度，快速提高属地员工的作业技能，为当地居民提供百余个工作岗位；尊重当地的民风民俗及属地员工的生活习惯，3 个营地均设立伊拉克员工食堂，两国员工分灶就餐；结合项目建设实际需要，为当地村镇修路架桥，改善当地基础设施；创造了令甲方惊叹的“中国速度”，确保 5 月 28 日完成主体焊接，7 月 19 日一次投产成功，8 月 10 日正式对外输送原油。

伊拉克原油外输管道的快速、优质建设，为管道局在伊拉克、在中东地区的市场开发赢得了口碑，树立了丰碑，奠定了坚实基础，也使管道局在由西方公司垄断的中东地区市场占有了一席之地。

2011

中缅管道（缅甸段）：管道界首个“鲁班奖”

2016 年，我国建筑行业最高奖项“鲁班奖”首次花落长输管道建设行业，这就是管道局承建的中缅天然气管道工程（缅甸段）。

中缅油气管道始建于2010年，是我国四大能源战略通道之一。其中的天然气管道管径为 1016 毫米，缅甸段全长 793 公里，由缅甸西海岸皎漂市向东北延伸，横穿缅甸，自南坎进入中国，2013 年建成投产。

管道局承担了其中 320 公里 1B 标段、40 公里若开山区段，以及多项控制性工程，工程量占缅甸段的近一半。管道沿线地貌复杂，山区断崖、河流海沟、滩涂水网、原始森林等全部涵盖，处处都是“拦路虎”，被专家称为到目前为止我国管道建设史上环境最复杂、建设难度最大的管道工程。

中国速度

在中缅管道建设中，管道局承建的标段最长，却是第一家完工的承包商。2011 年 8 月 1 日，管道局中缅项目部在缅甸米坦格河畔举行开工典礼，管道施工正式开始。然而，当时正值雨季，施工困难重重。缅甸的雨一连下几天是常事儿，作业带变成了沼泽，大型设备一旦陷进淤泥里，光把它拖出来就要费一天工夫。

▲ 和谐共建中缅管道

直到 11 月中旬，雨季过去，旱季到来，管道局各焊接队伍才开始大干起来。旱季是施工黄金期。为此，项目部发动“旱季攻势”，要求在下一个雨季到来前完成全线施工。

1B 标段既有连绵起伏的鸡爪沟，又有常年积水的水稻田，既有各种长度不一的河流穿越，又有海拔上千米的掸邦高原，地形地貌复杂。时间紧迫，项目部及时调整施工方案，为焊接机组提供服务保障：打破常规做法，义务开展征地丈量、清点等工作，在土地审批完之前，先行垫付 50% 的土地赔偿款，提前 3 个月完成了征地任务；采取内河驳运、铁路、公路等多种方式运输管材，保证现场管材供应。员工的战斗力因此得到充分发挥。在缅甸炎热的天气中，参建员工在施工现场一干就是一天，身上的汗水一次次把红工装浸湿，结出了白色的汗碱。2012 年 5 月 30 日，管道局仅用 6 个月就率先完成 1B 标段的主体工程。

1B标段的快速建成，为管道局支援若开山区段争取了时间。若开山区段在印度公司标段内。由于此段施工艰险困难，印度公司以“不具有可操作性”为由放弃了施工。为保证中缅管道按期投产，管道局毅然决定支援区段若开山。

若开山是管道施工禁区，沿途三尺无平地，山上是原始森林，常有野兽出没。40公里线路中，高陡边坡有230处，大于30度的陡坡有94处，大型V字深谷27处，需要弯头弯管2500多个。

这些没有吓住管道人。管道局投入近200台大型设备，针对不同的坡度制订了不同的施工方法……多个施工队伍在高山深谷中逐一排开，仅用100天便攻克了这片禁区。

30年免大修

能够获得“鲁班奖”，工程质量必须是行业顶尖。而“30年免大修”正是中缅管道的质量控制目标。

为此，管道局织密织牢了“管控网”。

为了规避施工中的质量问题，项目部从焊接、防腐补口、沟深、细土垫层、硅管敷设等方面重点布防，建立了严格的质量管控体系。

项目部从员工培训入手，提高员工技能水平，增强员工质量意识。所有焊工、补口补伤工、焊口打磨工等各技术工种在入职前都要经过专门的培训和严格的考试，考试通过并取得资格证书后才能上岗。

项目部还把整治“低老坏”作为质量管理的重点，制订了严格而具体的检查和奖优罚劣措施。各个机组配有专职质检员，每月至少20天在现场监督检查。一旦现场出现检查清单上的不符合项，项目部会马上通报批评，并对包括施工单位项目负责人、现场管理人员、施工人员在内的所有责任人给予处罚。这种方式时刻督促着管理人员和操作人员重视质量工作。

严格的质量管理使中缅管道的焊接一次合格率一直保持在 99% 左右，防腐补口合格率更是达到了 100%。

管道“利器”

距缅甸曼德勒市不远，中缅管道的米坦格河跨越工程已成为当地的标志性建筑，吸引人们驻足参观。

工程需要建设 4 座 30 多米高的桥墩，上面再搭设三榀 60 米长的钢桁架。缅甸当地没有大型吊车，三榀桁架重达 252 吨，要把它固定到 30 多米高的桥墩上，几乎无法想象。

管道局技术人员集思广益，制订对策，经过一遍遍计算，设计出了“原始”的桅杆空中吊装发送法。采用这一创新技术，三榀桁架的牵引过程安全、稳定，桁架就位的误差最终在 10 毫米之内，节约成本 500 万元。这一工法还获得了中国石油的“第 101 项创新工法”奖。

该跨越工程以北的几百米处是一个高 84 米的断崖，中缅管道由此进入缅甸的掸邦高原。这处岩壁陡峭状如刀削的断崖坡度为 83 度，坡长 104 米，是工程的又一大难点。

为攻克断崖，管道员工利用力学原理，在坡顶设置地锚，用卷扬机、起重机、滑轮组和钢丝绳组装成运管系统，巧妙地利用运管小车运输钢管。施工人员则在由脚手架、架板搭设的操作平台上进行焊接作业。这一新工法的应用，保证了运、布管速度，减少了安全风险，比计划提前 17 天完成断崖上的管道焊接任务。

在中缅管道（缅甸段）建设过程中，创新层出不穷，无处不在。为解决复杂环境下的施工难题，管道局应用了绿色施工、高强度钢材应用、抗震加固与检测等 7 大类 11 项新技术，同时应用了海底管道三维技术、大口径并行海底管道设计、高地震烈度及断裂带管道设计等 12 项大口径长输管道施工高新技术。

大量高新和关键技术的应用，使中缅管道（缅甸段）工程达到国际先进技术水平，诞生了国家级工法 2 项，获得国家授权专利 10 项，开发应用了 3 种新设备……

中缅管道工程打通了我国西南能源进口通道，破解了我国能源进口的“马六甲困局”，解决了我国西南地区近 2 亿人口的用气问题，为中缅两国经济发展、实现双赢提供了强大的能源动力。

2012

中缅管道（国内段）：天堑通途 管道报国

中缅油气管道（国内段）是我国油气进口的西南战略通道，使我国能源进口得以突破马六甲困局。干线总长1753公里，管径1016毫米，设计压力10兆帕，X80/X70级钢。管道局共承担了第二、三合同项总长1550公里，其中天然气975公里，原油145公里，成品油430公里，站场16座，阀室53座，隧道安装41条共42.7公里。管线横跨云南与贵州两省，大部分穿行于云贵高原的崇山峻岭之间。工程自2012年3月15日打火开焊，历时17个月，于2013年8月20日主体完工。

难度堪称世界之最

中缅管道国内段途经横断山脉、云贵高原，山区、丘陵段共848.18公里，海拔最高点2624米，最低点601米。在陡峭的山岭和沟谷间敷设管道，平均每公里要使用弯头14个、弯管17根。沟谷多为断岩绝壁，施工受泥石流及山体滑坡影响严重，而且很多沟谷段已被高压电线、通信光缆等设施占据，作业面非常狭窄。特别是还要连续穿越56公里9度以上地震区、54处地质灾害高危点。

在云南楚雄的“苍岭大坡”，作业带要连续翻越3座坡度超过30度的山坡，为了减少往返时间，施工小组在大坡山顶安扎驻地；在贵州龙里的“云顶大坡”，垂直高差382.28米，最陡一段达到

▲ 建设绿色管道，全力打造绿色工地，大幅减少作业面宽度，打造 CPP 环保名片

45 度，为了尽量减小对环境的破坏，建设者对坡度大于 20 度的地段采用轨道施工法，而不再用传统的降坡修“之”字路的做法。

事实上，在起伏的山谷中敷设管道并非最难，最难的首先要属崇山峻岭间隧道的穿越和大型河流上管道的跨越。按照规划，中缅管道国内段要穿越隧道 64 处，隧道总长达 68 公里，平均单条隧道超过 1000 米；要跨越大型河流 8 条。

其次，管道沿线断裂带密布，地震活动频繁，多为喀斯特地貌，具有“高地震烈度、高地应力、高地热”和“活跃的新构造运动、活跃的地热水环境、活跃的外动力地质条件、活跃的岸坡再造过程”等“三高四活跃”特点，复杂的地质条件为设计和施工带来严峻挑战。

其三，独特的气候条件也为施工带来了不少影响。云贵地区夏季炎热多雨，冬季温度下降并伴有冻雨。尤其是贵州，每到冻雨时节，空中的雨滴落下来旋即凝结成冰。俗语说“四川太阳云南风，贵州落雨当过冬”，贵州的阴冷潮湿可见一斑。管道员工的衣服先湿后冻，变得冰冷刺骨，每隔一小时，就不得不换下来烘干。

努力留下绿水青山

在中缅管道国内段建设中，生态环保问题同样是管道建设者优先考虑的第一要务。这条我国管道建设史上水土保持标准最高、生态环保要求最严的能源通道建设，牢牢地吸引住各方关注的目光。

管道途经地域山高谷深，植被繁茂，有许多自然保护区、风景名胜区和水源地，而管道跨越的瑞丽江、澜沧江、怒江，则是敏感的国际性河流。

这种环境特点给管道建设提出了极高的环保要求。管道局高度重视环保工作，严格落实国家及滇黔桂三省区的环保要求；根据《环境影响评价报告》和《环评批复》精心编制《环境保护方案》，针对环境敏感区则编制专项施工方案；在环境敏感区，管道建设者始终坚持至少 15 天前完成报审，经环保监理审核后方可施工。

黄果树瀑布是中国第一大瀑布，风景优美，举世闻名。按照规划，中缅油气管道须穿越位于黄果树瀑布北侧约 20 公里处的打邦河。打邦河是黄果树瀑布上游水源，为保证黄果树景区不受影响，建设者采取多项环保措施，在管沟开挖时采取液压镐推进石方段开挖，避免爆破施工造成的飞石影响水源和地表植被；在导流渠开挖时采用沟渠铺设防水彩条布，在导流渠并入打邦河的进口处铺设活性炭吸附水污染体，并邀请贵州市环保局对水质进行实时监控，保证水体达标后汇入打邦河；在管道焊接时使用一体机焊接，避免投入过多大型设备对周边生态造成破坏；在管沟回填时全部使用袋装耕植土人工回填，然后迅速恢复植被，进行水土保持……

6 月是云南省南华县主要作物水稻的灌溉关键期，但频发的阵雨将山上泥沙冲下来，堵塞沟渠，让急于灌溉、插秧的百姓忧心忡忡。参建队伍得知情况，立即组织人员对作业面前后 3 公里水稻田进行排查，并分头进行清淤、疏通，沿线 40 亩水稻田因此得以及时灌溉。在黔南州贵定县铁厂乡，有一棵大罗汉树，被当地布依族百姓奉为神树，不允许挪动。为尊重他们的习俗与信仰，项目部硬是将原来设计好的管线改了道……管道建设者在贵州红岔村施工时，看到那里几乎没有像样的大路，村民出入多靠步行，就利用自己的设备，为村里修了一条宽 3 米、长 1 公里的道路，为村民出入村庄节省 3 个小时的车程！村委会代表全体村民来到施工现场，并送上锦旗、条幅：“吃水不忘挖井人，过路不忘中石油”……

天堑通途，舍我其谁

“这是我所看到的最难建设的管道工程，我无法在世界范围内组织一个团队在 30 个月内完成管道建设任务。”此前曾赴中缅管道中国段现场踏勘的中国石油高级顾问、美国管道建设专家巴斯特如是说。

一项让美国管道建设专家坦言如此之难的管道工程，管道建设者却要在 14 个月时间建成，中缅油气管道（国内段）工期之紧超乎寻常。

在自然环境艰险的贵州境内，参建队伍首家创下日焊接 100 道口纪录、率先突破管道焊接 100 公里大关。在 EPC 项目部组织的月劳动竞赛中共摘得金牌机组 5 个、银牌机组 11 个、铜牌机组 12 个。

很多施工点位于地质灾害多发区，地形复杂，极易造成管沟塌方，给施工安全带来隐患。项目部技术人员广开思路，推出了自制新型防风棚、手摇式三角掩木等多项小发明、小创造保障施工安全。

在国内段的施工现场上，有很多平均年龄在二十七八岁的年轻人，他们的父母都是石油人、管道人。他们跟随了父辈，也就选择了石油人的奉献与付出、执着与坚守。有的参建者因工期紧任务重，在妻子预产期的当天才登上回家的飞机。有的参建者则对定好的婚期一拖再拖。

工程投产时，管道局承建标段内没有发生一起健康、安全、环境与交通上报事故，实现安全施工 2566.3 万小时，安全行驶超过 1 亿公里；三条管线焊接一次合格率达 97.28%，防腐补口一次合格率 99.71%。“一次、平安、精品、和谐”是管道人始终遵循的原则，也是管道人的使命与担当！

2015

中俄东线（北段）：爬冰卧雪的大国工匠

2019 年 12 月 2 日，中俄两国元首通过视频连线下达指令，中俄东线（北段）正式投产通气。习近平总书记指出，广大工程建设者爬冰卧雪、战天斗地，高水平、高质量完成建设任务，向世界展现了大国工匠的精湛技艺，展示了中俄合作的丰硕成果。对于参与这一中俄两国标志性战略合作项目的管道局建设者来说，总书记的评价就是最大的肯定，再苦再难都值了……

作为国家重要的能源战略通道项目，中俄东线（北段）首次采用 1422 毫米超大口径、X80 高钢级管材、12 兆帕高压力等级，是世界单管输量最大的长输天然气管道工程，也是国内首个直径 1422 毫米长输管道建设项目，还是 2017 年实施机构改革以来管道局首个直管项目。

面对多个首次，以及社会依托差，冬季气温极低，多年冻土、水网沼泽和林带交替分布，安全环保责任大，施工质量要求高等难题，管道局科学组织、迎难而上，高质量完成各项施工任务，确保了项目按时投产。

大国工匠之利器，开启行业新时代

中俄东线（北段）是我国首条全线大规模使用全自动焊工艺的管道建设项目，这是管道建设行业的方向。但有一个关键问题困扰着参建各方——全自动焊设备。以往大多使用进口或民营设备，成本高、维修难，技术还不成熟。就在参建各方“心里打鼓”，对项目推

▲ 中俄东线标准化施工，铸精品国脉工程

进信心不足之时，管道局再次站了出来，勇挑重担，自主研发了适用于 1422 毫米超大口径管道的全自动焊接设备，以及机械化补口、山区吊装运输、大口径弯管、低温站场三通等一系列配套装备。

工程实践是检验新设备、新技术的唯一标准。管道局通过中俄东线试验段一、二期的现场验证，明确管道自动焊接及机械化防腐补口的设备配置、冬防改造方式及设备改进意见，形成全工序试验成果 38 项，作为干线施工指导性文件，包含定向钻穿越、试压、干燥等重要工序，为后续工程建设积累了宝贵经验。北段建设启动后，管道局针对自动焊设备改进以及沼泽、山区陡坡施工等难点积极探索，采用内焊机根焊 + 外焊机填充、盖面的自动焊接技术，以及自动喷砂除锈 + 中频加热 + 红外收缩回火的机械化防腐补口技术，满足了管道机械化流水作业，促进了设备和技术更新换代。

管道局还通过“移动端 + 云计算 + 大数据”的体系架构，集成管道全生命周期数据，探索互联网 + 机组的“智能工地”建设，整合数据信息，实现信息协同、流程协同、行为协同、决策协同，以及全员、全端、全域协同的质量、安全管理效应最大化。

不止施工，管道局采用三维数字化设计平台，实现了勘察、测量、选线、施工图设计、竣工图设计全阶段数字化，实现数字孪生体成功应用。自此，中国智能管道与智慧管网建设开启了新时代。数字孪生体应用和区域天然气管网运行优化研究，支持了各业务领域数据可视化、专业分析、辅助决策，在部分领域实现智能化应用，进一步强化了管道本质安全。

爬冰卧雪显担当，“八三”精神永传承

中俄东线（北段）地跨东北平原，沿途经过农垦区、森林、河流、沼泽及常年冻土层，冬季天气异常寒冷，冻土坚硬无比，夏季冻土融化，加之小兴安岭地区雨量充沛，沼泽段、泥泞段比比皆是。从“八三”工程一路走来，如今重回白山黑水，这是一场寻根之战。

由于道路土质松软，车辆进出场非常困难，CPP105 机组索性就在离施工点 500 米外的地方搭建帐篷，吃住在工地。

2019 年年关将至，家家户户张灯结彩，刚过四九的北国早已冰雪覆盖，CPP412 机组员工正在一标段冒着极寒天气紧张施工，他们的脸上冻得通红，眼睫毛上结满了冰霜，温度计上的指针已经指向零下 40 摄氏度，可是施工的脚步依然没有停下。正在寻找进场道路的机组长卢振尧脚下不慎打滑，困在了冰面欲裂的河渠上，而这已是他一个月来第三次“中彩”了。

东北也有夏季，暴雨、冰雹，人和设备都“望而生畏”的泥泞，肆虐的蚊虫，这些同样都难不倒英雄的管道人……

中俄东线（北段）于 2015 年 6 月 29 日启动试验段，2019 年 10 月 16 日全面建成，12 月 2 日实现投产进气。4 年的坚守，让管道人又完成了一项大工程，引领行业进入了一个新时代，让“八三”精神之花再次绽放……

2015

天津港 8·12 爆炸抢险工程：专业抢险人，最美逆行者

2015 年 8 月 12 日深夜，天津港瑞海公司危险化学品仓库发生特别重大火灾爆炸事故。相当于 20 多吨 TNT 当量的两次大爆炸，摧毁了堆积着近两万个集装箱的货场，方圆一两公里区域被严重波及。现场残留的集装箱和罐体，里面装着氰化钠、三乙基铝，以及金属钾、钠、镁、锌等 40 多种危化品。这些看不见、摸不着的危险品遇水、遇火、遇空气、遇碰撞随时都会发生爆炸。

灾难面前，管道人不改本色，谱写“逆行”壮歌。管道局接到事故现场应急指挥中心的救援请求后，第一时间挺进爆炸核心区域，发挥专业优势，积极参与危化品处置攻坚战。他们以科学施策、安全救援的理念与行动，为天津祈福，为生命加油。

8 月 18 日 11 时 30 分，管道局接到救援请求后，立即向抢险中心下达指令。时间不等人，多耽误一分钟，事故现场就多一分泄漏的危险。抢险中心决定分三步走，一方面组织人员赶赴事故现场，一方面工程部制订完善的救援方案，一方面后方人员模拟现场，按照救援方案对集装箱进行粘接开孔实验。

下午 13 时 30 分，抢险中心组织了第一批 40 人的抢险队伍，设计了粘接、密闭开孔、注氮封存的集装箱抢险破拆方案。中心专门召开动员会，通报天津爆炸事故情况，同时告诉大家，这次险情百年不遇，救援存在诸多不可预测的危险，是生死之战，请每一位同志都要慎重考虑。然而，没有一位同志退却。他们立即

开始了防爆工器具、检测仪表、抢险材料物资的准备工作。

尽管此前在媒体上多次见过现场的影像，也有了一定的思想准备，但是越接近爆炸核心区域，大家的心情越沉重压抑。爆炸点方圆数公里内的楼房都遭到严重损坏，一些酒店、餐厅房间玻璃几乎被完全震碎，有的楼房已明显变形；地面早已遍地砂石、铁皮、铁条和玻璃碴；原本码放齐整的集装箱东倒西歪，看上去像一堆被捏瘪的糖果盒；随处可见被炸得“面目全非”的汽车，还有一些消防车，原本红艳的车身竟成了黑色。时间仿佛凝固，空气中弥漫着死亡的气息。

抢险中心先组织大家搭好帐篷，然后将爆炸事件概况、救援风险识别、救援方案、施工示意图，以及组织机构、人员分工情况全部上墙，既为救援，也为兄弟们的安全。

一切准备就绪，现场抢险救援真正开始了！按照天津港爆炸事故救援部队联合指挥部的要求，抢险中心的主要任务是在装有不明物体且没有发生泄漏的集装箱上粘接 2 英寸短节，待达到一定粘接强度后，进行密闭开孔，然后由生化部队对箱内物品采样化验，对确认没有危害物品的集装箱进行破拆，一旦发现危害品，需要运用抢险中心掌握的“氮封存”技术，进行注氮隔离。

19 日上午，通过主动申请，抢险中心周若厅等 5 人小组，随联合救援部队第四组进入爆炸核心区进行前期侦查。计划在天气条件允许的情况下，对难以开启的集装箱进行打孔、注氮、破拆。

进入核心区域半小时后开始降雨。指挥部通过对讲机呼叫，让所有人员立即撤离。车辆人员经多次消毒后撤出。就在 5 位同志刚刚撤出核心区域后，爆炸区内又有一股浓烟冒起。

19 日下午，几人再次进入核心区，完成两个集装箱的开孔作业。经过第一天的侦查，20 日工作顺利许多，他们共破拆集装箱 17 个。

▲ 管道局抢险中心员工在爆炸现场

21 日，抢险队伍将核心区内的一条被炸出管线进行了冷却开孔，经生化部队对有毒气体检测、抢险中心对可燃气体检测结果合格后，对管线及阀门进行了拆除，为整个区域的救援工作扫清了一个较大的车辆通行障碍，并对第二天将要拆除的集装箱进行了查看。当晚，抢险中心又接到指挥部指令，要对离爆炸点不足 30 米的一个车载罐进行开孔。队员们不顾劳累，又连夜制订出开孔方案。

22 日一早，所有人员抵达罐体前，反复对抢险方案进行了评估，然后成功实施了开孔。罐内存有不明物体，经生化部队取样检测后，他们下午又成功对 11 个集装箱进行了开孔破拆。下午 17 时，天空突降暴雨冰雹，作业被迫停止，人员迅速撤离。

接下来的几天里，抢险队伍分成 3 个组，每组 3 到 5 人，轮番进入核心区工作。同志们也逐渐适应了在热得像蒸笼一样的防护面具里连续工作；适应了经过多次消毒处理才能回到驻地；适应了稍有不慎就会被散落的砖石、铁丝、钢块绊倒的崎岖道路。有时候，他们也会看看手机，给家人打个电话，但是所有人都很默契，都向家人隐瞒了自己来天津抢险的事，都说是去外地出差了。

就这样，管道局用专业的抢险技术和多年的实战经验，打赢了这场世界级救援难题的攻坚战。从 8 月 18 日到 8 月 30 日，管道局累计派出百人抢险团队，完成储罐开孔取样 3 个、破拆集装箱 39 个、搜寻处置危险气瓶 112 个等多项任务，参与集装箱和罐体安全破拆、危险气瓶处置、钢结构厂房切割、干燥气体清洗以及无人机航拍技术支持等抢险任务。国务院安委会和天津市政府向管道局发来感谢信，向管道员工表达“衷心的感谢和崇高的敬意”。

2015

坦桑尼亚管道工程：5C 文化的生动实践

坦桑尼亚天然气管道工程（简称“坦桑项目”）是由中国进出口银行为坦桑尼亚政府提供优惠贷款的国家重点项目，对解决坦桑尼亚电力短缺、促进经济发展、推进工业化进程具有重大意义，被誉为新时代的“坦赞铁路”，是坦桑尼亚的能源生命线。

坦桑项目是陆上管道与海底管道同时建设的“陆海一体化”项目，位于坦桑尼亚东海岸，管线大体呈南北走向，起于南部城市姆特瓦拉，止于中部最大城市达累斯萨拉姆，全长 542 公里，由 1 条海底管道、1 条陆上干线、1 条陆上支线、5 座站场以及 16 座阀室构成。管道设计压力 9.7 兆帕，设计年输量 80 亿立方米。

坦桑项目建设过程中无任何安全质量事故发生，实现了“零伤害”“零事故”“零污染”，赢得了国际知名监理公司沃利帕森斯、业主坦桑尼亚石油开发公司及中坦两国政府的广泛赞誉。

在 2015 年 10 月 10 日举行的项目竣工典礼上，时任坦桑尼亚总统基奎特为管道局现场签发了“总统奖”；2017 年 6 月 6 日，坦桑项目获得中国石油工程建设协会“2017 年度石油优质工程金奖”；2017 年 11 月 10 日，获得由中国施工企业管理协会评选出的“2016—2017 年度国家优质工程奖”。

在坦桑项目执行过程中，项目团队始终以“我们代表国家，要建精品工程”为己任，传承中国石油大庆精神铁人精神，积极与业主管理团队相互配合，相互支持，为了项目“保质、安全、按期完工”这一目标共同努力。

项目管理团队秉承CPP优秀文化传统，结合项目所在国特点和国际工程理念，在项目执行之初提出“5C”项目团队文化并贯彻执行，取得了项目工期和效益的双丰收。

诚信求实（Creditability）。项目本着“大团队”的管理理念，业主、监理和承包商都是大团队的一员，执行中与业主和监理坦诚相待，如实反映现场出现的问题。在此管理理念影响下，在办理施工许可和工作签证时，业主出面与当地政府协调，遇到阻工时，监理主动帮忙与属地社区沟通交涉。只要有利于工程进展，大家互相帮助，确保整个“大团队”目标一致，同向发力。

▼ 中油管道CPP602铺管船征战坦桑尼亚海底管道工程

履行承诺（Commitment），说到做到。实施过程中遇到困难及时反馈，一起想办法解决。在定向钻穿越施工过程中，遇到了膨润土不够的困难，国内订货无法按照承诺业主的工期完工，最终与监理共同努力从南非就近采购并及时到场，确保了工期，履行了承诺。通过每一件小事逐渐提升业主和监理对承包商的信任度，为项目的顺利推进营造了有利环境。

注重沟通（Communication），尤其注重与监理的沟通。在项目启动之初，项目内部就明确了“监理可帮助承包商做好项目，是承包商与业主沟通桥梁”的理念，并与监理就“提前沟通，互相理解，互相支持，目标统一”的协作思路达成共识；双方通过面对面交流、会议、座谈及联欢等多种沟通方式，很快建立了“理解信任、相互协作”的友好关系，在项目设计、采办、施工等诸多关键环节上，沟通顺畅，共商解决问题办法，为项目顺利实施奠定了良好基础。

优化创新（Change）。在项目设计阶段发挥专业优势向业主建议优化，将19座阀室优化为16座，降低采办和施工成本；创新实施项目进度预警机制，对执行进度偏差提前预警，为进度纠偏赢得了时间，保障了项目整体进度。

迎接挑战（Challenge）。项目团队克服了物资清关受阻、雨季现场泥泞、蚊虫肆虐、安保形势严峻等诸多困难，确保项目最终顺利、保质、按期完工。他们时刻牢记社会责任感，为坦桑尼亚国家人民带去关心和帮助，实现了真正意义上的互利共赢。

由于项目团队的优异表现，坦桑尼亚国家石油公司将规划的多条后续支线项目直接委托CPP建设，管道局在坦桑尼亚周边国家，乃至整个非洲地区的知名度大大提升，包括乌干达、赞比亚、博茨瓦纳、南非等多个非洲国家的政府官员和能源公司代表纷纷前来考察项目情况，为管道局的后续市场开发打下了良好基础。

2016

孟加拉单点系泊工程：“一带一路”树中国管道品牌

2016 年 10 月 14 日，在国家主席习近平和孟加拉国总理哈西娜的共同见证下，时任中国石油副总经理刘宏斌与孟加拉石油公司主席马合穆德·瑞泽·卡汗在达卡代表双方公司交换了《孟加拉单点系泊及双管道项目合同》（简称“单点项目”）签署文本。

根据协议，这一项目包括建设单点系泊系统、罐区和站场等设施，以及铺设 220 公里长的海上及陆上输油管道。项目业主为孟加拉石油公司及其所属的东方炼厂有限公司，施工点位于孟加拉湾东部吉大港入海口，由中国石油管道局承建，中国政府提供优惠贷款，中国进出口银行提供融资。是“中国制造”标志性工程——中国资金、中国技术、中国设备、中国施工“全产业链”。

该项目作为“一带一路”倡议在孟加拉国首批落地的重要石油储运项目，既具重大政治意义、又具战略引领意义，被管道局列为海外唯一直管特大型项目。项目的运作与实施实现了管道局五个首次——首次承揽运作“两优贷款”融资项目、首次采用定向钻技术实施海对陆穿越、首次进行 146 公里的大规模海管施工、首次实施 11 米深海管后深挖沟施工、首次建设单点系泊系统工程，在商业模式、技术创新、施工领域上都是全新挑战。

全体参建者充分认识到，项目成败关涉中孟两国政府深度合作和重大利益，对树立 CPP 国际品牌、管道局实施国际化战略具有重要推动和示范作用。

▲ 单点系泊工程海陆定向钻穿越

怎样打赢这场空前的硬仗？使项目团队思想共鸣、目标共通、行动共振。项目党工委在工程建设前期，就立足项目特点和管道局企业文化，构建了单点项目“12345”文化体系并贯彻执行，工程建设业绩多次被国家和省部级媒体宣传，有力提升了 CPP 品牌形象。

“1”，一句精神口号——“中孟携手建单点系泊精品，‘一带一路’树中国管道品牌”，阐明了单点项目建设的现实意义和目标愿景，成为激励项目建设者征战异国他乡、建设精品工程的精神旗帜。

“2”，两个项目理念——“建精品工程，铸诚信品牌”和“用一流管理，做成功项目”，阐明了干好单点项目的重要依循与实践路径。

“3”，三个价值取向——“担当、实干、奉献”，阐明了项目团队的思想行动指向和履职尽责的作风要求。

“4”，四个建设目标——“创建优质安全工程、环境友好工程、创新示范工程和中孟友谊工程”，阐明了单点项目建设的主要标准和努力方向。

“5”，五位一体文化——“质量文化、安全文化 、诚信文化、廉洁文化、团队文化”，阐明了单点项目建设是一项系统工程，质量、安全、诚信、廉洁、团队是系统关键所在，缺一不可、同等重要，必须一体践行。

文化润物细无声。在“12345”文化体系精神引领下，人人挺身入局、个个扛起责任，发扬工匠精神、“八三”精神，以“铁一般的信念、铁一般的管理、铁一般的纪律、铁一般的担当”的“四铁”项目精神，克服新冠疫情叠加影响，用管理创新推动技术创新，不断刷新施工纪录。

2019 年 5 月 21 日，新华网刊发《中石油管道局孟加拉国单点系泊项目取得重要进展》稿件；2019 年 12 月 5 日，中共中央宣传部“学习强国”刊发了中国新闻网发布的新闻《中石油管道局刷新中国管道海陆定向钻穿越纪录》；2020 年 4 月 20 日，新华网刊发《中石油管道局孟加拉国单点系泊项目疫情期间取得重要突破》稿件；2020 年 5 月 4 日，工人日报刊发《中石油管道局孟加拉单点系泊项目创“中国速度”》稿件；2020 年 12 月 24 日，新华网再次刊发《中石油管道局孟加拉国单点系泊项目取得重要进展》稿件；2021 年 2 月 20 日，北京日报刊发《攻坚 52 天！中企孟加拉国项目海管后挖沟施工创世界纪录》稿件；2021 年 6 月 2 日，河北新闻网刊发《管道局海管后深挖沟施工技术开创世界先例》稿件；2022 年 6 月 11 日，中央电视台新闻频道播发《我国海上油气工程安装技术获突破》新闻；2023年1月20日，人民网刊发《孟加拉国能矿部长高度评价中企建设项目》稿件；2023年1月31日，人民日报刊发《中国工程技术人员的敬业精神值得敬佩》稿件……

这一篇又一篇新闻稿件，每一篇都蕴含了项目建设者的智慧与汗水，逆行与坚守。一项又一项的攻坚创新成果，每一项都诠释了“中国管道技术”的实力与担当。同时也受到了中国驻孟加拉国大使馆、孟加拉国能矿部和主流媒体高度赞誉，业主和监理先后4次发来贺电和感谢信。

值得一提的是，单点项目的建设有力推动了我国海上油气工程安装技术新突破。管道局在施工过程中先后创新运用了海陆定向钻穿越技术和海管后深挖沟施工两项新技术，填补了中国石油大规模海管铺设技术空白、中国企业“双通道单点系泊系统”安装技术空白，攻克了海底沙波沙脊处理技术难题，创造了“海陆定向钻穿越”“航道后深挖沟”两项世界纪录，标志着中国企业在大规模海管铺设、海陆定向钻穿越、单点系泊系统安装等成套业务领域的核心关键技术和安装能力达到世界先进水平，在“一带一路”项目建设中树立了“中国管道”品牌。

承载着助力点亮“金色孟加拉”梦想，这个海陆一体的项目建成后，将破解10万吨级油轮无法停靠吉大港、必须依靠海上船舶接力运输原油的难题，预计每年可节约运输成本1.28亿美元，提高原油卸载功效5.5倍，同时可以为孟加拉国东方炼厂原油年处理能力扩容至450万吨提供安全、高效、环保的运输保障。

企业文化是推动企业发展的不竭动力，而企业的精神之源就是企业的文化之魂。发轫于"八三"工程的管道局，在半个世纪的沧桑巨变中，始终肩扛"八三"旗帜，引领推动中国长输管道建设事业发展，把"艰苦创业、勇于实践、团结协作、无私奉献"的"八三"精神深度融入企业发展脉络，用精神灯塔照亮了企业发展之路。

在管道事业蓬勃发展的历史长河中，管道局构建了能源储运工程从规划、科研、咨询、勘察、设计、采办、施工、通信、自动化、机械制造到投产运营、维修抢修、技术服务保障的全产业链全生命周期的建设管理能力，组建成立的30家二级单位各司其职、各尽所能，共同推动了企业高质量发展。

50年来，各单位在谋求专业化、智慧化发展的道路上，大力弘扬"八三"精神，进而发生传承裂变，培育形成了一系列独树一帜的企业子文化，以及星罗棋布的基层班组文化，从组织传承的层面注释了"八三"精神的时代内涵。

第四章

“八三”精神·裂变

开拓者之路

——国际公司"开拓者"文化

为整合资源实现归口管理，提升海外业务运营水平，管道局紧跟中国石油"走出去"战略步伐，将国际事业部和亚太公司合并为国际公司，倡导广大国际管道人以"八三"精神为核心，以"开拓者"企业文化为引领，接续奋斗、再接再厉，全力以赴推动国际业务更高质量、更可持续发展。

在"走出去"的坚定步伐中孕育

二十世纪八九十年代，管道局先后参与伊拉克、突尼斯和科威特等国际项目，并首次以EPC总承包方式承担苏丹1/2/4区管

▼ 海外业务开拓者

道建设，也由此正式开启海外市场发展之路。

在前期项目顺利完工的积极效应下，管道局相继建设苏丹 3/7 区、6 区等工程，逐步实现了以苏丹为中心，辐射非洲、中亚、中东等多个区域市场的规模化发展。

2003 年起，为保障国家能源安全和国内油气供应，中国石油全面启动西北、东北、西南和海上“四大”跨国油气战略通道建设。管道局深度参与多个重点项目，西北通道建设了中哈原油管道、中亚天然气管道 A/B/C 线和 D 线；东北通道建设了中俄原油管道东线和中俄天然气管道东线；西南通道建设了中缅油气管道。在中东油气合作区，管道局海外员工冒着枪林弹雨，进入战后伊拉克，彰显了管道员工勇于担当、甘于奉献的优良品质。

管道局国际文化在“艰苦创业、勇于实践、团结协作、无私奉献”的“八三”精神传承中不断萌芽生长，经历多次收集整理、描绘画像、研讨审议、传播审定，最终“开拓者”的文化形象收获全局干部员工一致认可，国际文化的品牌形象更加深入人心。

在“叫得响”的品牌塑造中传承

国际公司将“建设国际一流能源储运公司”作为企业愿景，将“让 CPP 享誉全球”作为企业使命，将“诚信、担当、奋斗、创新、开放”作为企业核心价值观，坚持以客户为中心、以奋斗为本色、以价值为导向，努力把每一项工程建成“精品工程”，在市场上树立“诚信品牌”，用优良的安全质量业绩赢得社会认可，让 CPP 品牌成为客户最优选择，让“开拓者”文化在实干担当中传承发扬。

诚信是基本的准则。严格遵守纪律法规，做优秀企业公民，恪守庄严承诺。以公平、尊重的态度对待客户和业务伙伴，以诚实、公平、公正的方式开展商业交易，绝不接受任何违背诚信的行为。在工作中，始终坚持诚实、透明行事，对上不瞒、对下不欺，不牺牲团队利益而达成少数人的利益。

担当是我们的态度。为了实现企业使命，全体员工勇于挑担子、敢啃硬骨头、勤于练本领、不畏涉险滩，提供让客户满意的高质量服务。严格履行国企政治责任，强化社会责任意识、规则意识、奉献意识，主动与东道国当地的消费者、劳动者及社区等利益相关方形成共同发展的多赢共赢合作关系。

奋斗是我们的本色。抓住机遇苦干实干，勇立潮头，奋勇争先。困难面前不屈不挠，信念执着，意志坚定。以奋斗者为本，给奋斗者机会，给火车头加满油，以贡献论英雄，不让奋斗者吃亏，通过奋斗创造幸福生活，收获精彩人生。

创新是发展的动力。围绕客户需求定制解决方案，持续优化工作流程，着力提高工作效率，提升服务质量。进一步解放思想、大胆实践，设定有挑战性的目标，追求卓越、臻于至善。科技创新、管理创新协同推进，营造鼓励创新的积极氛围和容错机制。

开放是发展的路径。坚持公平开放，共赢开放，包容开放。尊重所有员工及利益相关方，尊重多元化的背景、经历和观点，建设兼收并蓄的文化交流氛围，以开放的姿态与社会各界良性互动、博采众长、相互协作、实现多赢。

在"立得住"的发展壮大中升华

在"开拓者"文化理念的引领下，管道局国际业务快速发展壮大，业务遍及中东、非洲、欧洲、中亚、东南亚、大洋洲、南美洲7个地区50多个国家，为埃克森美孚、BP、壳牌、沙特阿美、中国海油、中国石化等70余家国内外能源公司提供服务，与美国福陆、沃利帕森、中国信保等近80家国内外知名企业、机构建立战略合作伙伴关系。在不断扩大 CPP 品牌影响力的同时，国际公司积极投身集团公司五大海外油气能源合作区建设，服务和保障国家能源安全。

在东北方向，管道员工发扬顽强拼搏、敢打硬仗、忠诚奉献的精神，经受东西伯利亚地区沼泽、永冻土、原始森林、地质断裂带、最低零下 64 摄氏度严寒的严酷考验，奇迹般地通过了这片人类禁区。在穿越界河黑龙江时，他们在地质极为复杂的黑龙江底，完成了业内人士称为“穿越禁区”的世界级难题。

在西北方向，建设中亚管道，对抗风沙与高温，历经千险，按计划工期完成建设任务，与西气东输大动脉相连，为优化我国能源结构、保障国家能源安全、推动国民经济发展提供了充足动力，创造了大口径、长距离管道建设史上的奇迹。

在西南方向，翻越若开山，穿越伊洛瓦底江，跨越米坦格河，打通了中国西南能源大动脉，缓解了马六甲海峡对中国能源战略的压力。

在中东油气合作区，参与鲁迈拉、马季努恩、哈法亚等一批中国石油伊拉克油气市场具有里程碑意义的大型项目建设，为中国石油中东合作区建成发挥综合一体优势的高端油气合作区提供了有力支撑。

一直以来，国际公司认真履行企业公民责任，在工程沿线国家和地区守法经营、依法纳税，促进了区域经济社会发展，获得坦桑尼亚时任总统颁发的杰出贡献荣誉证书和苏丹政府颁发的杰出贡献奖；积极开展驻村扶贫、医疗救助、抗洪救灾、捐资助学、修路架桥、志愿服务等社会公益活动，获得中国企业社会责任优秀企业、中国红十字博爱奖章等荣誉，为落实管道局国际化战略、建设国际一流能源储运公司打响了品牌、贡献了力量。

（执笔人：李晓云　王进）

源于传承　茂于创新　践于落地

——管道设计院"国脉蓝图"文化

振业以寻根，观澜而索源。纵观管道设计院的发展历程，之所以始终保持跨越式发展，是因为一代代管道设计人在实践与探索中，不断传承"八三"精神，构建了"以客户为中心、以奋斗者为本、持续艰苦奋斗"的核心价值观，凝练了"艰苦奋斗、开拓创新、严谨求实、使命担当"的企业精神，为企业高质量发展注入了强劲动力。

薪火相传，传承优秀文化基因

1970 年，"八三"工程领导小组组建的勘察设计大队（管道设计院前身），在"抢、闯、好"（抢时间，在干中学、学中干；闯出一条建设长输管道的路子；同时要确保工程质量，把管道建设好）的行动方针指导下，学大庆、学铁人，克服重重困难，仅用半年时间就完成了工程设计图纸，保证了整个工期。

5 年间，仅有几十名员工的勘察设计大队不断发展壮大，成为我国首家油气管道专业勘察设计院——管道勘察设计研究院。当时，我国长距离、大口径管道建设刚刚起步，管道设计人秉持"管道为业、四海为家、艰苦为荣、野战为乐"的管道优良传统，白手起家、勇闯新路，编制了国家首个长输管道建设技术标准，出规范、树标杆，引领行业迈入规范化发展轨道。

时至今日，无论时代如何变化、企业如何变迁，"八三"精神

▲ 2019 年中缅管道数字化恢复项目

和管道优良传统代代相传，仍然是广大设计人员追求管道报国的坚定信念，仍然是激励企业不断向前的精神内涵。

春风化雨，特色文化生根发芽

二十世纪八十年代后期至九十年代，国内管道工程建设进入低潮期，管道设计院结合发展环境和自身特点，明确提出办院方针（抓质量、上水平、增效益）、建院精神（全局、创新、高效、团建、纪律）和勘察设计宗旨（质量第一、用户至上、精心设计、竭诚服务），首次凝练形成特有的企业文化。

这一时期，管道设计人积极学习借鉴国外先进技术，总结沉淀自主技术、标准体系。勘察设计的中沧线大大缩小了与国际先进水平的差距；铁大线密闭输送改造工程达到同期国际先进水平；1987 年首次在阿赛线实施以设计为主体的工程总承包；九十年代，采用多种现代技术建设的库鄯线，为站场增添 SCADA 功能，是管道设计业务发展的里程碑之一……在追求与时俱进、提升壮大的自觉行动中，广大设计人员坚持自主创新，克服各种困难，持续引领中国油气储运勘察设计技术向前发展。

2000年，管道设计院实行公司制改革，2011年初正式提出“形成具有管道特色的企业文化氛围”，系统建设“蓝图文化”。在“夯基础、求创新、重科技、拓品牌”的发展理念下，在“学习、创新、和谐、超越”的企业精神引领下，管道设计人相继承担了被称为“国脉工程”的中亚天然气管道、西气东输二线、中缅油气管道、江苏LNG等国家重点能源通道建设；设计完成的兰成渝管道成为汶川地震的生命线，获得全国优秀设计金奖。凭借敢担当、能担当、勇担当的优良作风，管道设计人成为了当之无愧的改革创新、行业引领“排头兵”。

追求卓越，打造响亮CPPE品牌

从2012年阿布扎比分公司挂牌成立，到如今的“国际化、多元化、数字化”发展战略，管道设计人在“成为国际一流能源工程服务商”的时代征程中砥砺前行、笃行致远。

从地中海到好望角，从温暖的印度洋到寒冷的西伯利亚，从古老的丝绸之路到绿色的亚马逊河，管道设计人响应国家“一带一路”倡议和集团公司“走出去”战略，先后与全球70余家知名企业展开合作，业绩遍布50多个国家和地区。主参编国际标准、国家标准、行业标准共计111项，为集团公司、国家管网、浙能、中油国际管道等企业提供技术标准体系建设服务。

在工程建设中，以中俄东线天然气智能管道建设项目为起点拉开了智能管道建设的新纪元，工程采用基于数字孪生体的数字化工程建设体系，引入数字化设计、智能采办、智能工地等手段，实现了全数字化移交，为智能化运行奠定了基础。与此同时，大力发展地下储库、海洋工程业务，着力开展新能源技术研究，这些新业绩均体现了管道设计人在创新求变的道路上，用奋斗精神凝聚追求卓越的定力、顽强拼搏的毅力，在企业发展中建功立业、彰显作为。

在致力于企业发展的同时，管道设计人广泛参与公益事业，通过成立爱心基金、定向资助、捐款、捐物等多种形式为福利院的孩子们奉献爱心，送上温暖和快乐。每年组织百余人开展志愿服务活动，在疫情防控、廊坊市创建文明城市工作中积极作为，赢得了社会多方的尊重与赞许。

在企业文化的感召下，广大员工积极参与河南水灾抢险等工作，树立了管道建设“国家队”、地灾抢险“主力军”的企业形象，得到上级、建设单位和地方政府多次通报表扬，用实际行动擦亮了 CPPE 品牌和实力。

50 年栉风沐雨，在企业创业、成长、壮大的过程中，一代代管道设计人勇挑重担、无私奉献，涌现出周亮臣、曲慎扬、史航、张文伟四位全国工程勘察设计大师，省部级、行业级技术英才、模范人物百余人。一个个传承文化“基因”的管道设计人又进一步结合基层班组各自实际，催生了一系列富有特色的“子文化”：沈阳分公司的“唯实唯干”；勘察事业部的“特别能吃苦、特别能战斗、特别能奉献、特别能创新”；工艺所的“家文化”等。

文化是历史的积淀、智慧的结晶。这些宝贵的精神财富将指引管道设计人在新时代新征程，获得砥砺前行的动力、变革创新的活力，书写更加美好的时代篇章，为国家能源建设做出更新更大的贡献。

（执笔人：李　想）

创新之光照亮科技强国梦
——研究院创新文化

起源于"八三"会战的管道科学研究院，始终秉持"博学、求是、厚德、远志"的核心价值观，把"加快建设世界科技强国"的信念转化为"实现高水平科技自立自强"的实践，在油气管道领域结出累累硕果，让创新之光照亮科技强国梦想。

创新"焊"卫品牌

研究院广大科研人员始终牢记"专注科技创新，引领油气储运工程技术进步"的企业使命，将关键技术牢牢掌握在自己手里，自主研发的第三代 CPP900 自动焊技术装备，广泛应用于国内重点工程，奏响了"中国创造"的最强音。

2018 年，研究院以市场引领技术发展迈出了坚实步伐——第三代管道自动焊申请立项。结合前代自动焊装备在工程应用中发现的问题，第三代管道自动焊将重点放在自动焊新型智能控制系统的集成开发、坡口机关键技术优化及断屑处理技术等方面，每一项技术壁垒都是勇攀高峰的挑战目标。

"十三五"期间，一系列针对特殊施工环境的自动焊装备开始活跃于施工一线：在中靖联络线、中俄东线，依托新材料、新技术、新工艺的低温自动焊装备稳定性和可靠性大幅提升，可在零下 50 摄氏度的极端低温条件下正常运行；针对西三线中段研制管道柔性内焊机，并通过过弯和爬坡测试，解决了山区段无法实现

▲ 山区自动焊装备现场应用

全流水作业的技术难题。

作为自动焊装备序列中的明星产品，CPP900-W2N 双焊炬管道全位置自动焊机基于 FPGA+DSP 全数字化控制，施工效率较以往有显著提升。其最大亮点就是匹配了由研究院自主研发的焊缝跟踪技术，电弧无需人工调整，仅通过控制系统就能实现实时焊接过程中的自动纠偏，且其全部核心部件和控制系统均实现国产化，能够通过外接传感设备，全方位采集更多数据，为构建智慧管网提供数据基础。

目前，以 CPP900-W2N 为代表的管道自动焊装备正开足马力，书写着整体一次焊接检测合格率 95% 以上、最高达 98.9% 的骄人战绩。在保证整机控制稳定性和提升电源特性开发灵活性的基础上，配套国产电源使产品成本降低 30%，性价比大幅提高。新一代自动焊装备的优势还体现在技术服务上，曾经的施工前培训时间至少需要 3 至 4 个月，现在仅需 7 至 15 天。

创新求索没有捷径，科技逐梦没有终点。CPP900 的研发将进一步向智能化方向迈进，实现从自动焊到智能焊的转变。

创新"检"验担当

研究院以"保障好管道产业链的技术支撑、解决好管道领域的急难险重问题、担当起引领管道行业的技术进步，用先进的技术回报社会"为企业愿景，着力解决管道焊缝检测带来的安全风险，自主研发 AUT 检测技术与装备，在避免放射性辐射污染的同时，有效提高了管道检测的效率和精度。

AUT 检测技术通过硬件电路和软件编程的协调控制，使超声波覆盖整个管道焊缝融合面，再根据反射回波的大小和时间确定缺陷的大小和位置。这种技术无危害、环保、高效、快捷，可与管道焊接等工序交叉作业，备受业主青睐。

早在 2016 年，研究院拥有自主知识产权的 AUT 检测设备就能够检测仅为 0.4 毫米长的焊接裂纹。经专家评审，其缺陷检出率和检测精度均达到国际先进水平，打破了国外技术垄断，降低了设备购置成本，推动了我国管道检测技术的进步。

经过多年的升级完善，现在的 AUT 检测设备不仅体积小巧便于携带，操作界面简洁，且稳定性安全性高，易于维护保养。截至目前，AUT 设备已通过挪威船级社（DNV）的工艺评定与认证，成功应用于中俄东线（长岭—永清段）、江苏滨海 LNG 配套输气管线（滨海—盱眙项目）、唐山 LNG 外输管道等多个重点工程，获得业内市场广泛认可。

迈进新时代，开启新征程，研究院将以更高质量的产品和更先进的技术，持续展现"中国创造"的成长与担当。

创新把握"机"遇

"精益求精、追求卓越"是研究院始终秉持的企业理念。

“十三五”以来，随着管道工程建设对现场防腐补口质量的高度重视，管道科学研究院自主研发的以自动除锈、中频加热、红外加热组合的机械化防腐补口技术与装备得以规模推广应用。中俄东线、中俄原油二期、陕京四线等国家级重点工程均采用机械化补口技术，累计施工近 2000 公里，一次合格率 100%，创造单日补口 66 道及施工环境温度低至零下 40 摄氏度的辉煌纪录，彻底解决了传统手工热收缩带防腐补口技术存在的补口质量不可控、人为因素影响大、施工效率低等问题。

2020 年 5 月，在以除锈、中频与红外等单体设备构成的机械化补口装备规模应用的基础上，研究院相继研发以“除锈 + 中频”与“中频 + 红外”一体化双功能设备构成的新型集成式机械化补口装备，以及以“除锈 + 中频 + 喷涂”三合一设备与热缠补口设备构成的热收缩带全机械化补口装备。

新一代全机械化补口技术与装备是我国首创的补口施工新技术，是机械化补口技术的又一次提升，可实现防腐补口的表面处理、预热、底漆涂覆等全工序机械化作业，有效保证补口质量的长期可靠性。同期开发的数据采集与无线传输系统及补口信息采集物联网系统，可实现管道信息、工人信息、地理环境信息及防腐补口工序关键施工数据的实时自动采集和整合无线传输，满足智能管道建设数字化移交和施工质量远程监管的要求。

惟创新者进，惟创新者强，惟创新者胜，40 年来，管道科研人在攻克技术难题、实现科技自立自强中当先锋、做贡献，在改革创新的漫漫征途上怀揣“科技强国”信念，在劈波斩浪中开拓前进，在披荆斩棘中开辟天地，在攻坚克难中创造业绩，为引领管道科技进步、推进油气管道行业高质量发展努力奋斗。

（执笔人：闫振宇　江　勇）

讲好管道故事　传播管道声音
——新闻中心“建设石油行业强媒体”文化

2000 年 1 月，石油管道报社、管道电视台和中国石油报驻管道局记者站合并成立新闻中心。作为管道局党委的“喉舌、窗口、阵地、平台”，新闻中心传承弘扬“八三”精神，努力将自身打造成为管道局政治高地、思想高地、文化高地，讲好管道故事，传播管道声音，对内凝聚全员智慧力量，对外展示企业品牌形象，为管道局高质量发展赋能。

愿景目标校准中心发展“定盘星”

2016 年，基于管道局转型发展的客观要求和新闻中心高质量发展的主观要求，新闻中心提出“建设具有国际视野的油气储运行业强媒体”的发展愿景，形成“专业、有为、创新、奋进、和谐”的企业价值观。近几年，在中心传统文化的基础上，不断丰富文化内涵，将愿景目标丰富完善为“打造石油行业强媒体”。“石油行业”是定位方向、传播范围，是赖以生存发展壮大的发展空间；“强媒体”要求在石油传媒界有一定的综合竞争力，拥有较强话语权，提供的信息咨询是被业界认可的权威资讯。

确立新的发展愿景后，新闻中心锚定发展目标不动摇，提振信心、踔厉笃行。如今，在内宣方面，逐步推进石油行业强媒体建设向纵深发展，已形成“一报（石油管道报）、一台（管道电视台）、三微（微信、微博、微视频）、三网（内网、外网、英文网)”四种媒体形态、八个媒体平台的管道媒体传播体系；外宣方面以中国石油报等系统内媒体和河北日报、河北共产党员网、廊坊日报等属地党委重点媒体为主体，拓展了中央电视台、新华社客户端、光明日报、工人日报、经济参考报、科技日报、北京日报、河北日报等，以及新华号、中国网、中国能源网、国资小新号、河北新闻网等国家级、省部级媒体平台，在系统内外广泛展示了管道局的良好品牌形象。

三大战略砥砺中心发展“助推器”

2022年初，新闻中心紧密结合企业发展实际，在中心“三会”上明确了“创新驱动、人才赋能、质量至上”的三大战略。

坚持全面系统创新原则，以内容创新为根本，以技术创新为支撑，以机制创新为保障，加快形成以创新为引领的新闻采编播

▲ 有管道处，必有管道媒体人

发体系和新时期媒体发展模式，实现从“单项创新”到“系统创新”、从“业务技术创新”到“制度流程创新”、从“战术性创新”到“战略性创新”提升，充分激发全员的创新活力。

坚持德才兼备标准，将人才作为中心发展的第一资源，以更高站位和更宽视野发现人才、使用人才、评价人才，教育培训、选拔使用、调整交流及奖惩激励都要围绕激发人才本能、开发人才潜能来展开。立足自有人力资源挖掘培养人才，坚持以事择人、人岗相适，实现用其所长、用当其位、用当其时。

坚持党媒定位，强化精品意识和精益求精理念，坚持质量第一、效果优先，不断提高中心各项工作的效率、效果、效能。把内容质量高不高、传播效果强不强、服务成果好不好作为衡量工作的重要标准，着力提升全员敬业精神、职业素养和专业水准。

企业价值观描绘中心发展“同心圆”

2022 年下半年，中心经自下而上、自上而下征集干部员工及专家意见建议，凝练出“惟诚、惟新、惟实”的企业价值观。

惟诚，即于内心铭刻忠诚。契合管道局党委机关报的定位。忠心向党、安心于企，始终坚定正确的政治方向，做一名拥有良好人格、国格、民族品格的新闻宣传工作者。惟新，即于内心认同创新。这是新闻宣传工作者始终秉持的从业理念。既包含全员在思维模式上的持续突破，又体现在对每一个工作细节的持续关注。惟实，即于内心彰显真实。这既是新闻宣传工作真实、准确、客观记录历史的基本遵循，又是全员踏实做事、诚实做人的品质所在。

在中心“三惟”企业价值观的引领下，中心上下秉持团结之心、踏实之心、宽容之心、责任之心、创新之心、感恩之心、大局之心，强化三大战略的执行力，锚定建设石油行业强媒体愿景目标，取得了骄人的发展业绩。外宣方面，在央视新闻频道播发《三条超大口径管道实现最小间距并行建设》《我国海上油气工程安装技术获突破》2 部新闻作品；《管道局孟加拉国单点系泊项目海底拼图实现 1 毫米精准对接》在《光明日报》《北京日报》刊发；《我国海上油气储运工程安装技术迈上新台阶》刊发于《光明日报》《北京日报》《河北日报》，以及集团公司网站头条置顶、中国石油报一版报眼、中国石油海外推特，这也是管道局新闻首次出现在集团公司网站头条置顶位置。内宣方面，管道局官方抖音发布的《医护工作者支援安次区抗疫》，抓住社会热点，抢占流量高地，单条点击量 70 万余次、点赞 1.4 万个，实现历史新高；国务院国资委新闻中心发布“央企账号新媒体指数榜”显示，管道局排名全国第 37 名，实现历史新高；管道局新媒体在集团公司新媒体矩阵（微信、微博、抖音）影响力排行第 5 名，实现历史新高。

征途漫漫，惟有奋斗。立足向着第二个百年奋斗目标迈进的新阶段，肩负起加快建设石油行业强媒体的光荣使命，中心上下坚定发展不动摇，锚定目标不偏航，鼓足干劲不泄气，踔厉奋发、笃行不怠，为管道局建设国际一流能源储运公司提供强有力的新闻宣传服务和舆论保障支持。

（执笔人：周　民　王铭翊）

有第一就争　见红旗就扛

——一公司“第一公司”文化

一部艰苦创业史，几代风餐露宿人。53 年前，轰轰烈烈的“八三”会战开启了中国石油管道建设的序幕。自此，继承发扬“八三”精神的一公司人同中国管道事业一道走上历史舞台，开启了从无到有、从小到大、从弱到强的发展之路。

用忠诚担当为国“加油”

“你们是管道局的一公司，一公司什么都得排第一”。2004 年五一劳动节，这是时任中国石油党组书记、总经理陈耕到忠武管道调研时的讲话。

就这样，“第一公司”的文化标签由此诞生。第一公司的来源主要基于以下几点：一是公司自然排序为第一公司；二是 50 多年来在国内外市场创造了多项第一；三是集团公司和管道局领导的重要讲话鼓励我们牢记第一；四是管道母文化要求我们永争第一。

多年来，一公司用自己的特色企业文化培育了一大批专业、高质、精干的员工队伍，在各大重点工程中展现了管道建设主力军风采。

1970 年 8 月 3 日，战略能源管道——东北“八三”工程会战开始。1971 年 11 月 15 日，石油五厂和石油六厂抽调部分领导干部和技术工人，组建成立东北输油管线指挥部第一建设大队（即一公司前身），参加“八三”工程辽宁段施工。在全长 2471 公里

▲ 西气东输工程，一公司员工欢庆拿到的“三个第一”

的会战中，第一建设大队累计建成管线 696 公里。

2002 年，在西气东输一线 25 标段施工中，参建员工采用浮筒运管、牵引漂管过渠、漂管法布管，连续穿越 12 个水塘、施工长度 887 米，比常规施工方法缩短工期 1 个月，创国内沼泽、池塘、水网区域大口径（直径 1016 毫米）管道施工新纪录，被评为中国企业新纪录，荣获全国优秀焊接工程一等奖和集团公司“西气东输管道工程建设先进集体”。

随后，一公司相继承担西二线、西三线管道建设，累计建设西气东输管道 800 余公里，在高质量完成施工任务的同时，实现了从手工焊、半自动焊到全自动焊的技术提升。

用优秀文化夯实发展根基

作为管道局最早组建的队伍之一,一公司不仅是管道行业的奠基者，也是“八三”精神的传承者，更是新时期“管之道”文化的践行者。

2004 年底，一公司党委科学分析企业发展中存在的困难和问题，全面总结企业文化建设中的经验与教训，认真审视企业文化和基层文化，首次提出“摒弃糟糠，继承优秀，培育先进，形成特色”的文化建设思路，确定打造“第一公司”的品牌文化理念，为公司建设企业文化注入了新鲜血液。

经过多年培育，一个由“项目文化、机组文化、工地文化、营地文化”等硬文化和“安全环保文化、团队文化、诚信文化、和谐文化、廉洁文化”等软文化相结合支撑的企业文化体系基本形成。

2000 年，在自然条件极差，无任何社会依托的涩宁兰输气管道，一公司人以“不拿第一就是败”的英雄气概，创造了涩宁兰日焊接 109 道焊口的施工纪录。

2008 年，在中国第一条引进境外天然气资源的管道——西气东输二线工程中，一公司以“建功西二线，大写石油人”的豪情壮志，圆满完成施工任务。

2020 年，首个“融投建管”项目广东揭阳天然气管道落地实施，由揭阳中石油昆仑燃气有限公司与一公司签订 EPC 总承包合同，这是管道局对“融投建管”新模式的首次探索和实践。项目建设过程中，一公司揭阳项目部不仅施工进度快速有序、质量安全全面受控，更是呈现出较以往工程项目别具一格的运行流程。

53 年来，公司相继承建了兰成渝、西气东输、中缅管道、中俄东线等国家重点管道工程，创造了 16 项行业第一、52 项中国企业新纪录，让“第一公司”的特色文化深深烙印在全体员工的心田，行业影响力不断扩大。

用创新创造走进“新时代”

在 53 年的发展历程中，一公司人始终传承着艰苦创业、披荆斩棘、砥砺奋进的文化基因。进入新时代，面对新挑战，一公司广大员工拼搏在最前线、战斗在最前沿，发扬“特别能吃苦，特别能战斗，特别能奉献，特别能创新”的精神，继续书写管道历史的传奇。

2017 年，一公司参建了中国第一条自行设计的智能管道——中俄东线天然气管道。项目建设中，参建团队大力发扬和践行创新精神，自主研发 1422 毫米大口径坡口机、内焊机，单台设备研究经费仅为进口设备的 15%，让自动焊装备有了“中国芯”。

2022 年 9 月 30 日，由一公司承建的宁夏宁东天然气掺氢降碳示范化工程中试项目主体完工，这是国内首个燃气管网掺氢试验平台。按照管道局新能源新业务有关工作部署，一公司全面跟进新能源业务发展领域和应用场景，在密马香管道工程马坊分输站首次接触并参与地热系统的安装、调试，对地热工作原理和安装有了初步了解；完成《地热能发电站工艺管道调研报告》，为后期业务拓展奠定了技术基础。

2022 年 11 月 8 日，在全面学习把握落实党的二十大精神的热烈氛围中，西气东输三线中段（中卫—吉安）项目枣阳—仙桃段 3 标段主体完工。为提高施工工效，解决大坡度自动焊施工难题，自开工以来，一公司科研人员针对山地自动焊设备和大坡度全自动焊工艺进行技术攻关，成功研制出满足山地自动焊施工的配套设施，实现了大口径长输管道“从山底到山顶、过热煨弯管、再从山顶到山底、不留断点”山地全自动焊连续焊接施工“零”的突破，有力彰显了管道局在长输管道建设领域的主力军地位。

新时代、新征程，一公司人将不断钻研进取，乘风破浪再踏征程，致力于建设匠心传承、品质至上、信誉卓著、基业长青的“百年老店”，为能源储运行业健康发展贡献智慧力量。

（执笔人：张　帅）

赓续奋斗岁月红
——二公司“红队”文化

中国石油天然气管道第二工程有限公司（简称“二公司”），组建于1970年的“八三”会战，被誉为管道施工的“国家红队”。历经半个世纪的守正创新，“红队”已经发展成为一种文化、一种象征、一种精神传承，并深深融入二公司的文化基因，时刻焕发着蓬勃向上的生机活力。

▲ 中国红照亮石油红，二公司每年迎国庆升旗仪式

文化之源，在艰苦奋斗里根植红色基因

1970 年 9 月 12 日，应“八三”工程建设需要，石油工业部四川石油管理局革委会向其基建指挥部发出《关于抽调管线队伍的通知》，决定从四川油建一大队抽调 500 人北上支援“八三”工程建设。随即，这 500 名参建将士开赴吉林省长春市，正式投入“八三”会战。

把原油输送到祖国最需要的地方——是这 500 名参战将士最初的梦想。五年间，他们从艰难中起步，将满腔壮志豪情洒向这片厚土，从组建东油二大队，到更名东油二处；从会战初期的 500 人，到逐渐壮大的 2000 人；从农安古城，到黑吉辽冀四省，参建将士发扬“革命加拼命”的大无畏精神，靠着人拉肩扛、铁锹大锤和原始的手工焊接技术，先后参与“八三”工程大庆至抚顺、抚顺至鞍钢、大庆至秦皇岛、铁岭至秦皇岛、大庆至铁岭复线、盘锦至锦州等输油管道建设，累计完成 1008 公里、约 40.4% 的工程量，一举奠定管道建设主力军地位。

1975 年，东油二处南下转战古彭大地，参加鲁宁输油管道工程建设并扎根徐州。1977 年 4 月 7 日，经石油化学工业部批准，东油二处更名为“石油化学工业部石油天然气管道局第二工程公司”，实行党委领导下的经理负责制，从此开启了专业化管道工程公司的发展之路。

文化成脉，在发展实践中赋予“红队”内涵

精神传承是一场没有终点的接力。50 余年来，二公司让“艰苦创业、勇于实践、团结协作、无私奉献”的“八三”精神扎根企业，为公司发展带来了源源不断的生命力。

早在1987年，二公司就提出“培育企业精神，建设企业文化”的愿景，并于1989年以职代会的形式确立了首个企业精神“团结、开拓、求实、奉献”。

进入21世纪，公司党委正式提出全方位打造管道施工“国家红队”品牌的战略目标，并对品牌内涵做出明确阐释，即“以施工队伍身着红色工装为基本特征、代表管道施工‘国家级’技术和管理水准，以打造精品工程为目标”，确定了“内强素质、外塑形象，统一指挥、步调一致，从严管理、奖惩分明，敢为人先、争创一流”的“三十二字”建设方针和“诚信、创新、争雄、超越”的企业精神，“红队”文化体系初见雏形。

行至新时期，公司党委深挖企业精神内涵，将二公司人战天斗地、无惧艰苦的坚忍担当，英勇顽强、敢战必胜的英雄本色，奋力开拓、拼搏不息的鲜明禀赋，矢志报国、投身管道事业的赤子情怀，凝练为“特别能吃苦、特别能战斗、特别能创造、特别能奉献”的企业精神。

文化绘行，在工程建设中锻造“红队”品牌

二公司始终将文化建设作为战略规划的前置和引领，融入中心、务实推进，让文化之光照耀每一名二公司人，最终落地在一项项精品工程的缔造中。

在被誉为“死亡之海”的塔克拉玛干沙漠，二公司参建员工饮风沙、斗酷暑、搏严寒，建成了中国第一条长距离大口径沙漠输油输气管道；承建轮库末站储罐工程，创造建罐历史新纪录，被中国石油基建局赞为“大罐”精神；勇闯生命禁区，在涩宁兰管道工程首次挑战高海拔管道施工，书写下“高原缺氧何所惧、突出重围争第一”的豪情壮志；兰成渝项目，二公司参建的标段

几乎涵盖国内所有地形地貌，完成工程量居各施工单位之首；在举世瞩目的西气东输一线、二线工程建设中，红队将士跨江南水网、翻太行山脉、战百里风区，彰显了管道施工"国家红队"的品牌形象。

参建俄罗斯远东工程，二公司管道建设者以"爬冰卧雪、战天斗地"的精神开创了高纬度、高严寒、永冻土管道施工的新纪元；独立建设中亚管道工程（乌兹别克斯坦段），在"建设能源通道，筑无悔人生"响亮口号的指引下，连续创造多项焊接纪录，荣获中国土木工程最高荣誉詹天佑奖；再进伊拉克，以实干之姿诠释了"亮剑海湾、不辱使命"的壮志豪言，仅用 84 天完成 186 公里主体焊接任务，创下令业主惊叹的管道焊接"中国速度"。

时光飞逝，岁月如梭，但那些走南闯北时留下的豪言壮语依然振聋发聩，影响着一代又一代人；那些战天斗地、无私无畏的奋斗历程，伴随着一个个工程建设的圆满完工，凝结成了座座精神丰碑，刻进了"红队"文化的骨血中，成为"红队"文化建设最优渥的养分，也在新时期的管道人心中种下了红色种子。

（执笔人：李加平　洪　亮　杜艳娟）

文化兴企 行稳致远

——三公司“管道铁军”文化

1970 年 8 月 3 日，为了解决大庆原油外运问题，经党中央、国务院批准，建设国内第一条长输管道，“八三”会战由此拉开帷幕。1971 年 11 月 8 日，以大庆油建三大队为基础组建的“东北输油管线建设管理指挥部第三建设大队”，投入“八三”工程建设，三公司由此诞生。

▲ 铁军队伍斗志昂扬

作为来自大庆的队伍，三公司传承弘扬大庆精神铁人精神，大力培育“不拿第一就是败”的“管道铁军”。1995年，三公司安装七处在时任处长“管道铁人”张吉海的带领下，在秦皇岛一举创造了180天建成3座10万立方米金属储油罐的奇迹。到现场慰问演出的30多位著名艺术家看到服装统一、队形整齐、训练有素、生龙活虎的参建将士，由衷感叹到：“这真是一支铁军啊！”自此，“管道铁军”的名号叫响中国管道行业，成为国家长输管道建设的“主力军”“仪仗队”。

特色文化为企业前行提供原动力

三公司从建成“八三”工程标志性的太阳升泵站开始，沿着“有条件要上，没有条件创造条件也要上”的铁人之路，从白山黑水走遍祖国需要的每一个地方。21世纪之初，站在青藏高原喊出“不拿第一就是败”的响亮口号，既提振了管道人的信心，又赋予了工程建设“拼搏奋进、勇争第一”的新内涵。

企业文化是凝聚员工队伍、引领企业发展的灵魂和旗帜。在50年的企业发展历程中，三公司坚持培育“铁军”作风，树立“铁军”形象，打造“铁军”品牌，形成了独具特色的“管道铁军”文化。为了不断夯实企业文化底蕴，公司从企业成长历程中挖掘出一条引领企业发展的突出主线，确定了四个重要的发展阶段。在实际工作中，注重用“管道铁军”文化凝聚队伍，引领企业发展。编撰发布《管道铁军企业文化手册》《三公司企业文化辞典》，总结归纳公司50年来企业文化成果，加快形成完善的文化体系，并自觉渗透到生产、经营、管理等各项重点工作中，用《管道铁军企业文化手册》统一员工思想，规范员工行为。重点提炼、概括、挖掘好的管理方法、施工举措和发生在员工身边的闪光点并加以宣传推广。制作印刷《管道铁军 50 年》画册，集中展示企业发展过程中的辉煌业绩和亮点。

多维度传播助力企业美名扬

一直以来，三公司党委高度注重舆论导向作用，组织创办了网站、电视台、“管道铁军”公众号等新闻媒体平台，不仅使员工熟知、认同“管道铁军”文化，自觉接受企业文化熏陶，还大大提升了公司的知名度和美誉度。

在公司基地，筑建的管道铁军文化墙已成为弘扬传统、激励后人的良好教育场所；以参建工程命名的生活区道路，体现了独特的管道铁军文化氛围。在项目一线，结合国内外工程施工情况，集中进行重点报道和专版宣传，定期编印工程简报，《秦岭铁军》《虹贯神州》《草原铁军》《兰定铸剑》等一系列作品集的广泛传播，有效提升了公司在社会上的知名度和美誉度。

先进文化推动企业和谐稳健发展

在“管道铁军”文化的激励和引领下，三公司广大干部员工拼搏进取、奋勇争先，工程建设捷报频传，科研创新硕果累累，管理提升成效显著，企业实力不断提升。

公司承建的中亚 C 线工程比原计划提前 6 天完成哈萨克斯坦段主体管线焊接，施工进度全线第一。在中俄东线天然气管道工程，三公司作为全局唯一全部参与北段、中段、南段建设的单位，继承发扬管道铁军精神，在北段五标段创造了单日开挖 1.2 公里的施工纪录，在全线第三阶段百日攻坚劳动竞赛中夺得综合进度第一，主体完工时间较业主目标提前 3 个月。中段二标段在疫情影响延迟开工 2 个月的情况下奋起直追，施工进度比业主计划提前

1个月，工程焊接合格率、环保安全、综合进度等指标在全线名列前茅。

与此同时，三公司以科研为先导，以技术革新为重点，采取研发与生产相结合的方式，探索科研管理新模式，加快科研成果推广应用。自主研制的滚轮托架、中频加热器、隧道施工龙门吊等在兰成、中贵、西三线等国家重点工程推广应用，有效提高了施工进度，降低了施工成本。管理提升方面，公司从注重规模向注重效益转变，构建了"公司统筹引领提升，部室协作促进提升，基层跟进共同提升"三位一体的管理提升机制，通过"公司、部室、基层"三层级模式有效运作，在项目管理、人才建设、市场开发等重点领域不断实现新的突破。

荣冠三军金甲烁，耀舞千骑寒戟澈。近年来，三公司相继荣获"全国优秀施工企业""全国用户满意企业""全国青年文明号""全国模范职工之家""全国三八红旗集体""全国五一巾帼奖""全国安康杯竞赛优胜单位""全国五一劳动奖状""全国工人先锋号""中国企业形象管理典范单位"等殊荣，这些荣誉不仅见证了管道铁军的光辉足迹，还将激励管道铁军走得更稳、走得更远。

（执笔人：马亚丽　郑文玲）

以构建幸福企业为目标
——四公司盾构“家”文化

进入21世纪，我国长输管道建设迎来高峰期，结合施工需求，把国外领先的盾构技术引进国内迫在眉睫。2002年，四公司确立了“以特种施工为主，特种施工与管道施工并举，占市场、强管理、兴科技，创建特色企业，实现跨越式发展”的发展思路。在管道局的政策扶植和大力支持下，公司大胆引进小断面盾构技术，派遣13名技术尖子远赴德国深造，决心打造管道特种施工技术核心竞争力。

▲ 创先争优，盾构将士撸起袖子加油干

二十年来，四公司盾构人先后完成了国内长江、珠江、松花江、钱塘江、黄河、南坦海、黑龙江以及印度、沙特和斯里兰卡等国内外50余处大型盾构、顶管、直铺管工程，累计隧道掘进80000余米。其间，攻克了多项技术壁垒，创造了多项行业纪录，进而形成了盾构、顶管、直铺管、管道安装和隧道检修等完整的多元化施工产业链，保障了国家重点油气战略通道按期投产，彰显了“中国石油第一盾”的金字招牌。

在盾构业务加速发展的进程中，爱企如“家”的理念不断浮现，建设盾构“家”文化的渴求愈发强烈，以“家”文化引领盾构产业发展，以文化力推动管理提升，以“发展之家”“和谐之家”“幸福之家”为主要内涵的盾构“家”文化逐渐成型，并已成为推动公司盾构跨越式发展的内在源动力。

凝心聚力建发展之家

盾构产业如何走向科学发展，需要全体“家人”的共同努力。盾构技术作为管道局非开挖业务的实力担当，被定义为管道局重点发展的高端业务之一。按照“稳江、上山、下海、进城、出国”的发展思路，四公司盾构人从最初的一台设备一支队伍，到现在的初具规模，设备尺寸覆盖2.4米到4.2米，适合的地质条件广泛，顶管设备、直铺管设备与盾构设备强强联合，装备实力已经处于国内领先水平。在业务不断拓展的过程中，四公司盾构家文化着重结合项目管理实际，深入研讨盾构施工最佳管理方法，大力推动项目管理理念的适时更新，并通过培训、科研和大讨论，从理念上引领员工积极进取，培养共同的事业观、成才观和价值观。结合绩效考核和日常管理，科学制定全指标属地管理制度，让岗位职责更加清晰和全面，有效提高“家人”的岗位责任感，凝心聚力全面提升盾构业务整体发展质量。

用心用情建和谐之家

“大家”的安定团结是“小家”稳定的基础，为群众办实事、做好事、解难事，是创建和谐之家的基本功。

独在异乡为异客，每逢佳节倍思亲。因工作特性，盾构员工需长期在外地坚守，对家里的大事小情往往有心无力。为了让大家能够安心工作，盾构各分公司主动承担起“后勤部”职责，用心用情用力做职工最贴心的“娘家人”，关心关爱员工家庭，在公司上下反响强烈，广大员工的归属感得到极大增强。各盾构项目部还在施工现场设置探亲房，鼓励家属反探亲，扩大了“家”文化的辐射力。

以人为本建幸福之家

近年来，盾构工地秉承以人为本的理念，大力提倡“精细化、标准化、规范化、人性化”管理，持续加强基础设施建设，科学制订健康饮食菜谱，着力营造整洁生活环境，方便员工“拎包入住”。通过党工团组织，把“球类比赛、图书室、文艺晚会”搬到工地，大力开展“快乐工间操”“欢乐工间茶”等广受欢迎的文体活动，不断丰富员工业余生活，让员工体面工作、体面生活。通过教育培训、“师带徒”式人才培养，各分公司不断拓宽员工成长通道，指导青年员工设计职业规划和自我提升计划，为企业持续发展注入强劲动力。“快乐工作、快乐学习、快乐生活”的健康理念，在四公司盾构“家”文化中得到了充分体现。

通过长期的文化培养和建设，盾构“家”文化已成为四公司迈向高质量发展的精神旗帜。如今的盾构人，在“八三”精神和

"家"文化的指引下不断进取，拧成一股绳，铆足一股劲，积极践行"现场保市场"理念，继"中国石油第一盾"之后，成功打造了"中国石化第一盾""中国海油第一盾""中国石油海外第一盾"等优质品牌，在国内小断面盾构施工领域占据绝对优势地位，行业知名度与美誉度不断提高，品牌影响力不断扩大，并先后荣获全国"工人先锋号"、全国"青年文明号"、河北省国资委"标杆党支部"、集团公司先进机组、管道局金牌机组等荣誉。

（执笔人：张　强　宋　洋）

高擎旗帜作“先锋”

——华油工建公司“石油工程先锋军”文化

华油工建公司的历史，是一部以“先锋军”文化为灵魂的发展史。从拓荒抚顺为新中国“解围”，到会战华北为现代化建设输送“工业血液”、创下高海拔施工纪录……一代代工建人坚持创新、接续奋斗，高擎“石油工程先锋军”的旗帜，不断挑战着石油石化工程的新高度。

先锋，即“敢为天下先，永远争第一”。60 余年来，华油工建公司先后辗转抚顺、湖北、天津、任丘，历经“四迁四创”四个发展阶段，以“攻坚克难、不辱使命”为国分忧的精神，以“敢为人先，追求卓越”的创新品质，不断继承发扬大庆精神铁人精神，吸收融合现代企业管理经验，培育形成了以团结、拼搏、务实、创新为核心的“石油工程先锋军”文化。

为国分忧为民奉献的开路“先锋”

“先锋”，源于为祖国争光、为民族争气的爱国主义精神滋养，是成立伊始就一路披荆斩棘的开创与引领。

建国之初，百业待兴，党中央决定大力发展人造石油，势要甩掉“贫油”的帽子。1954 年 1 月，中国第一个炼厂建设公司在辽宁抚顺应运而生——燃料工业部石油管理总局东北建筑安装工程公司，这就是华油工建公司的前身。

1962 年，在党中央的号召下，公司以中国炼建第一军为己任，肩负新型炼化装置建设任务，参与建设了中国石化被誉为“五朵金花”的里程碑式工程。在缺衣少食、缺少起重机械设备的年代里，老一辈建设者的创业之路举步维艰，但他们怀揣为国争气的坚定信念，众志成城、自力更生、埋头苦干。短短3年，标志着中国石油工业大发展的“五朵金花”有三朵在抚顺绽放，使我国彻底结束了使用“洋油”的历史。

“五朵金花”既是中华民族的骄傲，又承载着中国炼建第一军产业报国、追求卓越的责任与使命，进而凝炼出了“为国分忧、艰苦创业、奋勇争先”的先锋精神，为公司发展奠定了优秀的文化基石，成为激励后人的不竭动力。

半个多世纪以来，祖国哪里需要我们，我们就背上行囊到哪里去。在“先锋”精神的指引下，华油工建公司转战祖国大江南北，走出国门、走向海外，在国内29个省市自治区和海外13个国家建设了一系列精品工程，走向了全面参与石油石化工程建设的新征程。

敢闯敢拼勇争第一的攻坚“先锋”

“先锋”，是工建人敢于拼搏、敢于担当、敢于争先的奋斗足迹，是他们逆境之下顽强不屈的坚强意志。

3845米！这是涩宁兰管道施工难度最大的高地——橡皮山的高度，也是工建员工淌着鼻血、背着氧气袋、吃着夹生饭，创下的世界海拔线位最高的输气管道施工纪录。

在西气东输二线建设期间，工建人以坚忍不拔的顽强毅力，仅用一年时间就提前一个月完成包括7条隧道在内的果子沟无人区大穿越，创造了险峻环境下管道施工零事故、零伤害、零污染的奇迹。

▲ 西气东输二线工程穿越天险果子沟

时光荏苒，一代代工建人舍弃“小我”，从“一穷二白”“人拉肩扛”到使用全自动焊接设备，他们用勤劳的双手和智慧的头脑，攻克了一个又一个看似不可攻克的难关，创造了一个又一个载入史册的施工纪录，为保障国家能源安全贡献了工建力量。

从“五朵金花”到建成国内第一套聚丙烯装置；从国内第一台垂直冷弯管机成功问世到首次实现中国石油天然气管道以隧道形式成功穿越黄河的历史性飞跃；从建成国内第一座全国产化压气站——高陵压气站到亚洲规模最大压气站——沁水压气站……工建人以“先锋军”的姿态创造了多个中国第一，斩获了多个奖项，在社会主义现代化建设进程中唱响了“我为祖国献石油”的奋进强音。

这些成就，是"先锋军"迎难而上、事事争先的硬核担当，亦是引领行业创新发展的驱动力，照亮了一代代工建人的前行路。

开拓创新争创一流的实干"先锋"

"先锋"，是工建人坚持与时俱进、勤于探索创新的勇敢实践，是他们一次次的思想解放和自我变革的不断超越。

2009 年，华油工建公司整体划转中国石油天然气管道局，从此掀开崭新一页。广大党员干部以创新务实的工作作风，深度融入管道行业发展洪流，在大口径管道全自动焊、LNG 站场建设、油田地面建设等业务领域创新探索、拓展前行，为管道建设的新征程书写新的答卷。

岁月更迭，"先锋军"的精神始终在传承中创新、在创新中发扬。在 2011 年开工的苏桥储气库群建设中，公司迎来了两项世界级难题——亚洲最高放空火炬安装和亚洲最大管道试验压力，施工难度和压力空前巨大。面对挑战，项目团队科学组织、严谨管理，向施工建设的最高水平发起冲锋，用实际行动捍卫了"先锋军"的品牌和荣誉。2014 年，参建的中国石油广西石化炼油项目获国际卓越项目管理大奖；2018 年，承建的晋城华港 LNG 工程获得国家优质工程奖，中国石油云南 1000 万吨 / 年炼油项目厂区外管工艺管道焊接工程荣获石油优秀焊接工程一等奖；2021 年，承建的阿赛线安全扩能改造工程荣获石油优质工程金奖。

这些新业绩，不仅体现了工建人永不言败、超越自我的鲜明特质，献身实干、严谨认真、勇于创新的工作作风也激励着广大员工锐意进取，成为战胜各种困难的制胜法宝。

回望公司筚路蓝缕、拼搏奋斗的漫漫长路，一代代工建人在"先锋"文化引领下奉献能源、产业报国，将"石油工程先锋军”文化内涵不断延伸。涌现出了全国劳动模范胡宁邦、全国五一劳动奖章获得者张德民、全国三八红旗手裴亚萍、集团公司技能专家孙洪业等榜样人物。凝结成了丰富的精神文化成果：橡皮山“不畏艰险塑品牌”精神，大庆炼化“敢于挑战创精品”精神，黄土塬“攻坚克难创纪录”精神，果子沟“攻坚必胜创新高”精神……这些宝贵的精神财富，是标杆，是旗帜，指引着工建人扛起“先锋军”责任，持续引领行业创新发展，为祖国能源建设、为中华民族伟大复兴而不懈奋斗！

（执笔人：劳火桢　张赤赫）

陆地猛虎　海中蛟龙

——大港油建公司“海军陆战队”文化

1964 年，伴随华北石油大会战的号角，大港油建人在渤海湾畔开启了漫长而艰辛的创业之路。50 余年风雨兼程，在传承弘扬“八三”精神的同时，大港油建公司积淀了深厚的文化底蕴，并培育形成“陆地猛虎、海中蛟龙、首战用我、用我必胜”的“海军陆战队”特色企业文化。

历经“石油会战、创业维艰”“沧桑砺洗、调整摸索”“搏击市场、跨越发展”“砥砺奋进、继往开来”四个发展阶段，大港油建公司实现了从“陆”到“海”、由“浅”入“近”、由传统业务到新兴业务的战略转型，拥有了以海洋工程建设、油气地面建设、管道储运工程建设为主，市政公用工程、电讯电仪工程、压力容器制造、防腐、检测、勘察设计等多领域为辅的全产业链技术服务能力，形成了国际国内统筹推进、陆上海洋齐头并进的发展布局，正朝着“做精浅海、扩大近海、探索深海”的战略目标阔步前行。

陆地猛虎

——从会战中闯出新路，在社会市场浴火重生

1964 年 1 月，来自大庆油田勘探指挥部钻前工程大队的 300 余人挥师入关，成为石油工业部“六四一厂”第一支油田基建施工队——这就是大港油建公司的前身。

会战是油建人最刻骨铭心的回忆。港东实验区会战48个昼夜，打响了大港油建人会战的第一枪，奠定了大港油田由勘探转入开发创业的里程碑。随后，马西会战、南部油区会战、王官屯会战接踵而至，大港油建人凭借着“我为祖国献石油”的坚定信念，全力以赴夺油上产保会战。

从华北石油大会战的磨砺中逐步走向成熟，大港油建人具备了“自己的市场自己闯，自己的工资自己挣，自己的事情自己想，自己的命运自己掌”的优秀品质。

半个多世纪以来，大港油建公司以猛虎下山之势，扎根油田市场，先后参与大港、辽河、长庆、西南、冀东等国内十余座油田建设；发展管道储运市场，进入大口径全自动焊接领域，参与国家四大能源通道及重点市政燃气管网建设，全力打造水网地段、场站施工特色；适时进入国际市场，参与中东、非洲、东南亚等10多个国家能源建设，形成稳固的国际市场布局。

海中蛟龙
——从渤海湾起步，扬帆起航与百舸争流

20世纪70年代末，大港油田港东唐家河地区，捷地减河入海口港12井钻探成功，坚定了大港油建公司向浅海进军的信心和决心。

截至2009年初，公司全面参与大港埕海、冀东南堡等油田的海底管道、光（电）缆、海洋建筑物、构筑物建设，成为国内为数不多具备滩海施工能力的专业化队伍，实现了由“浅”入“近”的蜕变。同年底，公司整体划归管道局，海洋业务进入跨越式发展的机遇期。

2013年10月，由公司监造的中国石油最大铺管船——

CPP601铺管船首航非洲，征战坦桑尼亚海底管道工程，实现中国自有铺管船在非洲地区海底管道建设零的突破，打破欧美对国际海工市场的垄断。

在孟加拉单点系泊项目中，公司首次应用自主研发的多功能模块化海床挖沟机——神龙3号完成孟加拉国首条海洋管道工程100多公里的管道铺设，成功攻克悬链浮筒式型单点系泊安装全套技术，创造了海陆定向钻穿越和航道后挖沟两项世界纪录，海上单点系泊系统安装技术已达到行业领先水平。

百舸争流，奋楫者先。通过多年的技术攻关与工程验证，大港油建公司系统性掌握12套海洋工程核心技术，并已达到国际领先水平，可满足浅近海海洋油气管道、海洋市政管道、海上浮式输油终端、海底光电缆、海上风电、海洋构筑物的"一站式""全流程"建设需求。

首战用我、用我必胜

——敢为人先攻高地，踔厉奋发向未来

"首战用我、用我必胜"锻造的是舍我其谁、当仁不让的精气神。"首战"，代表先机，代表开拓，代表创新，代表敢为人先的勇气。"必胜"，代表实力，代表士气，代表胆识，代表志在必得的决心。

追寻历史的足迹，大港油建公司在贫油时代中开荒，在改革浪潮中开拓，在市场竞争中突破，创造了无数个"之最"，深刻诠释了"首战用我、用我必胜"的内涵：建成"中华第一人工岛"张巨河人工岛；建设国内第一座用于城市季节调峰的地下储气库——大张坨地下储气库；完成国内最长的尾水排海管道；完成国内最大口径且在该口径下最大水深的海底管道；承建世界上最

▲ 2022 年孟加拉单点系泊及双线管道项目创造两项世界纪录

大管径的海底管道；拥有中国石油最大铺管船；研发中国首台挖深 4 米的后挖沟机，创造业内海管后挖沟深度 11.9 米的世界纪录，并针对不同海域形成系列化……

展望未来，大港油建人将继续踔厉奋发、笃行不怠，沿着“陆地猛虎、海中蛟龙、首战用我、用我必胜”的特色文化之路，靠优良品牌求生存，靠特色优势谋发展，靠科学管理增效益，全面提升企业的综合素质和核心竞争力，进一步构建海洋业务“人无我有、人有我优”的差异化竞争优势，为打造“国内第一、国际一流”中国石油管道海军陆战队的长期战略目标而努力奋斗。

（执笔人：刘颖瑛　袁诗涛）

在传承中历久弥新
——通信公司“石油通信人”文化

50 年的岁月变幻中，中国石油天然气管道通信电力工程有限公司（简称“通信公司”）在团结中奉献，在创新中争雄，形成了以“挑战、精细、创新、团队、和谐”为核心的“石油通信人”文化，创造了重生与辉煌，书写了奋斗与荣光。

“石油 · 通信 · 人”逐梦铸魂吹号角

伴随“八三”工程建设，为满足管道生产运行对通信和电力的需求，1972 至 1984 年，石油工业部先后在廊坊、沈阳、固安成立电力通讯工程公司、管道局通信处、管道局东北通信公司、石油工业部通讯公司，承担起了为国家石油工业发展提供通信保障和通信电力工程建设的重任。

困难算什么！——“三八”作业班的 16 名女同志喊出“困难纵然有九十九，也难不过青年工人的一双手”和“誓为革命爬高杆、架银线，顶起半边天”的响亮口号，三战沙河驿，五上廊大线，打通秦京线，建成了大庆原油进京的第一条通信保障通道。在塔克拉玛干大沙漠，征服“死亡之海”，建成我国第一条长距离沙漠通信光缆，创造了“中国第一”。

在永定河畔的“不毛之地”，石油通信人搭建起了直通“星际”的“天网”，共和国石油工业有了属于自己的卫星专用通信网。秦京、任京、大秦、鲁宁、廊固等长途通信干线的相继建成，“天

▲ 管道人的千里眼顺风耳

地一体”的通信立体传输网络逐步形成，天南海北石油人的沟通“天堑变通途”，让石油人探索能源的足迹遍布祖国大地。

万事开头难，石油通信人艰苦创业、白手起家，唱响了“我为祖国献石油”主旋律，吹响了“为油服务、保障通信”的奋斗号角，开启了逐梦铸魂之路。

“石油 · 通信 · 人”扬优展长谋发展

2002 至 2003 年，电力通讯工程公司、管道局通信处、管道局东北通信公司、石油工业部通讯公司重组合并，新的“通信公司”诞生。在石油精神、“八三”精神的引领下，通信公司以文化融合为核心，首次提出“石油通信人”的文化理念，推动重组各方超越文化差异和地域隔阂，凝聚出新的合力，激发出新的动力，释放出新的活力，就此翻开发展壮大的新篇章。

2006年，通信公司提出"爱岗敬业、昂扬向上、创新求变、共谋宏图、奋斗不息、群策群力"二十四字方针，将企业文化作为战略规划的前置和引领，把"品牌经营"纳入企业战略的核心内容，持续推进企业文化理念的系统整合，以"团结、奉献、创新、争雄"企业精神为核心的"石油通信人"文化体系初步形成。

2011年，通信公司进一步明确了"为油气生产、输送和管理提供专业通信信息保障和支持"的企业使命和"建设具有较强竞争力的国际通信电力工程总承包商和石油通信信息综合服务商"的发展愿景，提出了"挑战、精细、创新、团队、和谐"的核心价值观，"石油通信人"文化体系内涵不断丰富。

"石油·通信·人"蓄势赋能再出发

进入新世纪，历经数十年的艰苦创业，通信公司逐步开创了通信、电力、输电、运维、卫星通信、新能源等专业化服务的新格局。在"石油通信人"文化的引领下，通信人凝心聚力、踔厉奋发，石油通信品牌影响力不断提升。

着手光纤传感预警保护管道研究，致力于解决日益猖獗的国内打孔盗油情况，完成管道局首个国家"863"计划专项课题，光纤管道安全预警系统达到国际领先水平，填补了国内空白，荣获国家科技发明二等奖。

参建员工踏破蜀道天险，在兰成渝创造了"通信管道与输油管道同沟敷设"的施工技术中国企业新纪录；走遍4000公里的西气东输管道，唱响"困难面前有我们，我们面前无困难"的奋斗之歌，创下了管道同沟敷设与光缆吹放长度中国企业新纪录，为国家西部大开发献上"报春花"；陕京二线榆林压气站电气安装工程，创国内变电站安装装机总容量中国企业新纪录；陕京四线通信工程荣获中国安装工程优质奖“中国安装之星”；中俄东线（黑河—长岭）荣获国家优质工程金奖；在苏丹麦罗维全线创造了六个工序进度和质量第一的佳绩，奏响了“追求完美，永争第一”的胜利凯歌，彰显了“石油通信”的品牌形象。

作为石油行业的“信使”，建成“一地三中心”“海陆空”互为融通的卫星基础网络格局，在亚、非、欧、大洋洲等地区，搭起了一道道沟通四海的“彩虹”；作为国家“可燃冰”开采项目唯一卫星通信服务商，在深蓝之地打响“石油通信”品牌；秉承“北斗时空，星耀未来”的使命与责任，建成油气行业首张“高精度网”和“精准授时网”，构建了“通导遥一体化”的北斗时空服务体系；从东方明珠到西部边陲，从彩云之南到白山黑水，26000公里的光缆维护里程，留下了通信人奋斗的足迹，“全力保障管道通信运维设备平稳运行”是代代通信人最朴实无华的愿望。

50年积淀雕刻卓越品质，50年奋斗铸就荣耀之师。精彩的50年是通信人脚踏实地、奋发向上的顽强意志，精彩的50年是通信人遇难弥坚、奋楫笃行的豪情满怀，精彩的50年是“石油通信人”胸怀报国情、追逐石油梦不灭的印记。进入“二十大时间”，新时代石油通信人前行的步履将更加铿锵有力。

（执笔人：毕 冉 于佳琦）

文化引领聚合力　智慧驱动促发展

——龙慧公司"慧"文化

自1992年成立以来，龙慧公司积极把握行业发展态势，不断适应面临的新形势新要求，科学应对前进道路上各种风险与挑战，以"智能控制""智能建造""智慧运营""智慧协同"为核心的"智"业务蓬勃发展。在投身业务发展的过程中，公司广大干部员工继承发扬石油精神和大庆精神铁人精神以及管道优良传统，以"我为祖国献石油"为精神源泉，通过对多年发展经验和优秀成功基因的萃取、凝练和升华，孕育形成了独具特色的"慧"学习、"慧"创新、"慧"服务、"慧"品牌等"慧"文化。

"慧"学习促进企业中心工作

"慧"学习是坚持"我与员工共学习，我与企业共成长"的理念，积极打造全员学习的学习型企业，努力实现企业发展与员工发展相辅相成，达到共同提高、协调发展的目的。基本要求是全体员工每年度完成"1+1+1"学习，即1本习近平新时代中国特色社会主义思想类著作，1本自身岗位技能理论类著作，1本陶冶身心的生活休闲类著作。

公司党委高度重视政治理论学习，严格落实"第一议题"制度，深入学习贯彻党的二十大会议精神，组织党委中心组集体学习，开展研讨交流，聚焦解决实际问题开展调查研究。各党支部采用"三会一课""每周学习一小时"，结合辅导讲座、学习研讨、专题党课、现场参观等形式，持续深入学习习近平总书记系列重要讲话和指示批示精神，引导广大党员干部深刻领悟“两个确立”的决定性意义，切实增强“四个意识”，坚定“四个自信”，做到“两个维护”。习近平总书记曾指出：“学习是文明传承之途、人生成长之梯、政党巩固之基、国家兴盛之要。”当今时代技术更新迭代加快，新知识、新情况、新事物层出不穷，作为“两化”融合高新技术企业，龙慧公司紧跟管道局发展战略，立足数字化转型、智能化发展新要求，着力做好“慧”学习，同时开展一系列专题培训、技术攻关、业务讲解，主动加快知识更新普及，优化知识结构，拓宽眼界和视野，持续加大技术研发、科技创新，做到以学益智，以学增才，积累形成了一批具有自主知识产权的核心技术和产品，将学习成效转化为推动企业高质量发展的强大动力。

“慧”创新助力“智”业务发展

“慧”创新是坚持“科技创新就是企业核心竞争力”的理念，作为“慧”学习的延伸，是知识“输入”到“输出”的过程，是从学习到对新事物、新产品探索创新的升华。中心思想是践行“两创两新”工作思路，即提倡“创新思维、创新机制”，推动“技术创新、能力创新”，聚焦 PLC、PCS、PIM 等关键领域，不断挖掘创新点，将创新果实转化为公司现实生产力。

顺应当今企业数字化转型、智能化发展的潮流，龙慧公司将自身业务归纳为“智”业务，即智能控制、智能建造、智慧运营、智慧协同，且拥有一系列智能化产品。油气管道 SCADA 控制软件 EPIPEVIEW 作为智能控制业务的招牌产品，是具备完全自主知识产权的 SCADA 系统软件，实现了油气储运自控系统软件国产化，可满足国内外油气管道网络化发展和管网集中调度控制需求，该

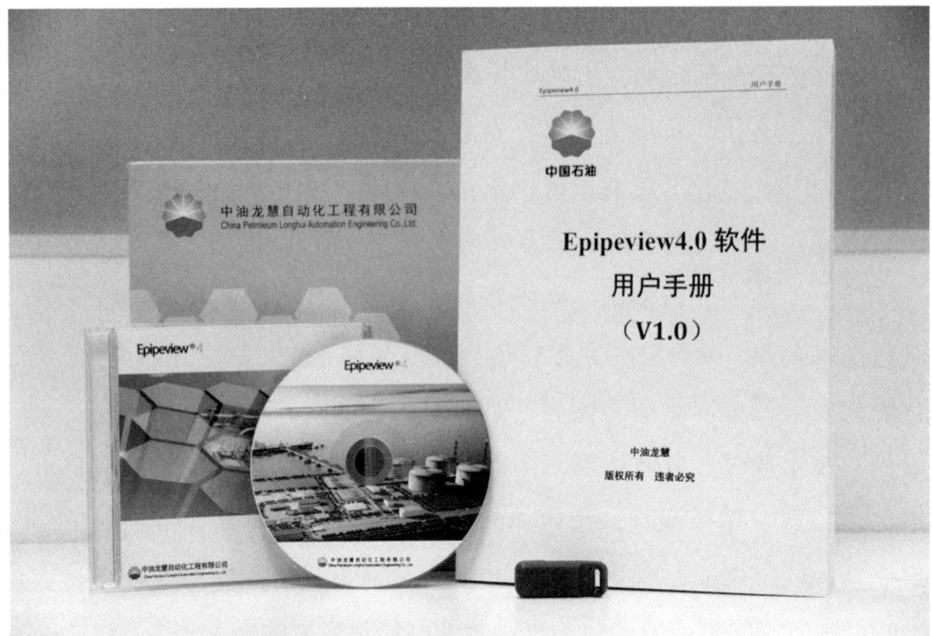

▲ 油气储运自动化控制软件 EPIPEVIEW

软件在省级管网项目、大型项目、国际项目已应用近 700 套。智能建造业务特色产品智能工地一体机具备网络搭建、数据采集和传输、边缘端分析等功能，能够在复杂的作业现场进行快速应用，满足施工现场数据管理需求，协助工地管理人员根据现场状况及时做出施工调整，是长输管道建设现场的“智能大脑”，该产品已在多个工程项目投用，并将不断满足市场及用户需求。

“慧”服务提供客户私人订制

“慧”服务是坚持“客户需要什么我们就服务什么，我们服务什么就令客户满意什么”的理念，作为“慧”学习和“慧”创新的实践运用，以求达到更加优质、高效的服务。核心概念是四大服务三项满意率，即服务企业、服务客户、服务员工、服务社会，客户对公司业务服务满意率、基层对机关服务能力满意率、员工对干部领导能力满意率。

长期以来，公司致力于为客户提供优质高效的智能化解决方案。项目在运营期普遍存在数据零散、风险管控模式被动、运行管理由人为主导等诸多问题，工作效率低、效果差。为破解这一难题，油气储运智能管控一体化平台应运而生，实现了数据统一共享、资源调配整体优化、风险管控模式主动可控、运行管理系统智能、管道信息系统融合互联的“五大转变”，同时根据客户不同需求，提供“私人订制”的解决方案。此外，公司智慧协同业务以面向系统内客户提供优质的信息化综合运维服务和智慧协同解决方案为发展定位，以能源储运行业企业协同、综合办公、网络安全、数字化转型等信息化业务为工作重心，可提供咨询、方案设计、项目实施、运维和技术培训等一揽子优质服务。

“慧”品牌铸就企业辉煌未来

“慧”品牌是坚持“专业铸就品质，品牌铸就辉煌”的理念，努力打造“龙慧”品牌，让“龙慧”深入业主客户之心，深入合作伙伴之心，深入广大员工之心。打造路径是围绕公司产品、典型项目、优秀人物、经典活动等四个方面形成品牌系列，即品牌产品、品牌项目、品牌人物、品牌活动，不断充实挖掘各个品牌系列的代表作品。

近年来，公司以“慧”字命名了慧炬、慧视、慧数等一批优秀的自主研发产品，获得了慧眼、慧采、慧 APP 等 3 项国家计算机软件著作权登记证书，促进了品牌推广；推出了 IP 形象龙小慧，首批 28 个表情包紧扣产品和业务，科技范儿十足，实现了品牌价值输出；借助中国石油、管道局等微信公众号的行业影响力，大力宣传智能工地一体机、慧炬知识管理平台等明星产品，亮相华为生态大会等多个行业展会、论坛并作专题演讲，扩大了品牌影响力。

"智"业务是硬实力，"慧"文化是软实力，"智"和"慧"相得益彰，并驾齐驱，共同驱动龙慧公司不断向前发展。踏上新的征程，龙慧公司将以永不懈怠的精神状态和一往无前的奋斗姿态，继续坚持政治引领、智慧驱动、科技赋能，秉承数字思维，以数据资源为关键要素，以工业互联网为主要载体，持续深化业务信息融合，同时进一步挖掘"慧"文化的时代新内涵，充分激发企业转型发展的生机与活力，为奋进高质量发展、建设国内能源储运行业一流的智能化综合服务商不断积蓄价值引导力、文化凝聚力和精神驱动力，全力保障管道局数字化转型和智能化发展。

（执笔人：王子雯）

孝心文化结硕果 幸福企业暖人心

——矿区服务公司（离退处）孝心文化

为促进管道局离退休系统养老文化建设，打造管道局离退休特色服务品牌，全局广大离退休工作者秉承“用心沟通、真情服务、以人为本、创造幸福”理念，积极投身管道局孝心文化建设宣传和实践活动，全心全意为老同志服务，为构建健康企业、幸福企业做出了积极贡献。

构建孝心文化建设体系

2012 年，管道局全面推行孝心文化建设工作，明确指导思想、基本原则，有序规划总体工作思路及目标，逐步打造离退休系统特色服务品牌。十年来，通过宣传教育、传播理念，孝心文化已成为离退休工作普遍认同、自觉遵守的行业标准和行为准则，并同步纳入离退休服务管理工作绩效考核体系，实现制度化、标准化、常态化、科学化。

通过多年积累，孝心文化凝练出六个理念：即以人为本、创造幸福的核心理念；实现自我、奉献夕阳的价值理念；警钟长鸣、责任重于泰山的安全理念；学无止境、学以致用的学习理念；干净做事、清白做人的廉洁理念；求真务实、争创一流业绩的工作理念；用心沟通、真情服务的服务理念，并进一步明确了“创新、团队、亲情、奉献、和谐”的核心价值观，确定了“亲情化管理、个性化服务”的工作方法，确立了“全心全意为离退休职工服务”

▲ 管道局老干部庆婚祝寿活动

的工作宗旨，提出了"文化离退休、品牌离退休、和谐离退休"的愿景。

提升管理服务品质

不断提升精准化服务水平、打造有温度的适老化服务，为老同志纾困解难，是离退处孝心文化建设的有效举措。

"结对子"不是亲人胜亲人。全局离退休工作者对"空巢、鳏寡、失能、困难、重病"等老人情况进行摸底，建立特色档案 602 份，和老人结成帮扶对子，全力构建以家庭为核心、以支部为依托、以企业为补充的体系，力争实现养老不离家、亲情送上门的孝心服务。

帮扶活动进社区暖人心。大力开展"志愿服务进社区""孝心温暖夕阳"等活动，为老人义务理发，送去亲情联系卡，定时上门看望、电话问候；帮助行动不便、子女不在身边的老人买米买菜，特别是在疫情封控期间，帮助他们解决生活困难、就医困难，把服务工作落实在办实事、解难题上。

营造孝心文化浓厚氛围。开展“十大孝心服务明星”评选活动，积极宣传先进典型优秀事迹；举办孝心文化建设研讨会，总结提炼孝心文化建设的好经验、好做法；编印《孝心文化故事集》，举办书画摄影作品展，营造健康、和谐文化氛围；在离退休办公和活动场所张贴文明用语、孝心名言和行为规范，利用内网平台开设孝心文化建设专栏、交流孝心文化建设经验，反映工作成果，推动孝心文化建设纵深持久开展，不断提升管道局离退休品牌知名度。

孝心文化屡结硕果

推行孝心文化建设以来，管道局离退休系统服务工作水平不断提升。“孝心温暖夕阳”“结对子”等帮扶活动长期开展，涌现出弱势群体的贴心联络员、老干部的“勤务兵”、临终关怀的楷模、忠孝两全的好儿媳、微笑的“天使”、“包干”服务的好站长、活动室的“螺丝钉”、涉老政策的宣传员、老人眼中的“好闺女”、离退战线的“老黄牛”等一大批先进典型，成为新时期离退休工作的楷模。

百善孝为先，孝为百行首。十年间，全局离退休工作人员深入医院和特困、困难、空巢老人家庭，走访 6 万余人次，送书、送报、送药、帮助老同志办理住院 1 万余人次，协助 3 千多户家庭办理老同志丧事，为老人和家庭送去组织关怀，为共圆幸福企业的管道梦贡献了青春、智慧和汗水。

（执笔人：曹 静 段 薇）

大漠行舟志千里

——“骆驼文化”照亮建功中东之路

置身沙海，常能看到一峰峰骆驼在大漠孤烟中缓慢移动，如同小舟在大海中航行。它们背负重担，耐受干渴，却目标清晰，一步步接近着心中的绿洲。

2010 年 9 月，为大力开拓全球油气资源最为丰富的中东市场，管道局成立中东地区公司。自此 10 余年来，管道局中东人在市场开发和项目建设的艰辛道路上奋勇前行，逐步凝练出以“坚毅不屈、吃苦耐劳、团结协作、忠诚担当”为精神内核的“骆驼文化”，成为引领管道局国际业务发展的精神灯塔和时代航标。

路在无路处

无论前方是否有路，骆驼从不停滞，始终坚定前行。这种坚毅不屈的精神，引领着中东地区公司一次次穿越市场的“生命禁区”，开拓出一条生存与发展之路。

2011 年，战后的伊拉克为迅速恢复经济，将启动大量油气项目，市场潜力巨大。为贯彻管道局党委决策，春节刚过，新任地区公司党委书记薛枫带领李敬、高云青、马龙等人，作为“开路先锋”前往伊拉克。一下飞机，前来接机的安保人员不由分说，直接给他们套上厚重的防弹衣，让大家立刻就绷紧了神经。机场周围高高的哨所，哨所上架着的机关枪，更让人感受到伊拉

▲ 万众一心“骆驼群”

克安全形势的严峻。就在这样艰难的境况下，市场开发工作开始了。

然而，连年的战乱让伊拉克对外国公司充满怀疑，加上西方石油公司垄断着主要市场，很多公司对管道局闻所未闻。薛枫带领几个人四处出击，主动与各大公司联络，到会议、展览处去搜资料、拿名片，寻求合作的信函像雪花般一封接一封地寄出去，但都石沉大海，杳无音讯。

当时，首都巴格达爆炸频繁，几乎每天都有人员伤亡的报道。但和这些报道一起传来的，是伊拉克石油部正在大规模放开石油市场，招标项目不少。“到巴格达去！”成了他们坚定的目标。通过努力，他们终于与伊拉克石油部取得联系并约定了见面时间，然而当时美军还没有撤离，巴格达一直处于戒严状态，石油部打电话来说巴格达太危险了，先不要来了。薛枫和他的同事们“明知山有虎，偏向虎山行”，他们在巴格达机场等候数天，在解除戒严的第一时间就出现在伊拉克石油部。终于，他们的诚意和锲而不舍的劲头打动了石油部。后来才得知，当时很多公司纷纷撤离巴格达，管道局是为数不多逆向而行的外国公司。

关键时刻，伊拉克战后首个对外合作项目——艾哈代布外输管道工程传来好消息。管道将士仅用 83 天就完成 190 公里管道主体焊接，“中国速度”和“中国质量”让伊拉克石油部为之惊叹，并授予管道局优秀 EPC 承包商。此后，管道局在伊拉克成功进入了鲁迈拉、哈法亚、马季努恩、巴德拉、格拉夫、西古尔纳等几乎南部所有油田市场。2015 年中标阿曼赖苏特终端改造 EPC 项目，首次进入阿曼市场。2016 年中标拉斯坦努拉项目，成功进入沙特市场。2017 年中标布哈萨油田三期改造项目，重返阿联酋市场。

再难也要坚持

纵遇走石迷天、狂风肆虐、滴水难求、炙烤无蔽，仍执着跋涉奋进。骆驼这种吃苦耐劳的精神，在中东地区各项目执行中，在一场场意志与实力的“拉力赛”中，被展示得淋漓尽致。

伊拉克底格里斯河成品油管道穿越施工与当地极端酷暑天气狭路相逢。管道将士面对工期紧张、烈日炙烤、设备高温故障频出等困难，全力出击、连续作战，没有一人退下战场。在嘹亮的战歌声里，勇士们仅用 11 天时间圆满完成了油管、水管及光缆的所有穿越任务，施工效率和质量得到了业主高度评价。哈法亚米桑管道项目工程跨越米桑、巴士拉两省，5 个作业标段，高危地带长达 30 公里，隐藏着 6000 余枚地雷等弹药，就连专业扫线清雷人员也深感“触目惊心”。一次，施工点附近两个部落发生了武装冲突，一场“枪战大片”就在施工现场附近真实上演。员工每每回忆都心有余悸，“子弹就在身边飞，啾啾啾的，心提到了嗓子眼儿，腿都软了，觉得自己快跑不动了！”

比战胜自然条件、战火风险更难的是适应业主的高标准。参与 BP 项目的几家国际承包商施工进度和质量达不到业主要求，陆续被“请”出施工区；壳牌公司严苛的安全管理，“逼”走了马季努恩项目两任安全总监；沙特阿美公司的要求之严举世闻名，不论是质量控制体系还是项目建设过程管控，都有着极强的专业性，因各种原因导致的项目停工屡见不鲜。为了配合业主需要，员工们常常要从早忙到晚……即便如此，大家仍用骆驼式的超强耐力面对，将苦与累抛掷一边，以出色的执行能力征服了业主，管道局跻身壳牌优秀承包商名录，被 BP 视为最可信赖的合作伙伴，沙特阿美高层管理者给出了“Perfect”的高度评价。

攥成一个拳头

跋涉于大漠，骆驼很少单独出行，而是依托驼队的相互支持，组队前行。这样的团结协作，也是中东地区公司广泛合作、优势互补的真实写照。

扮演协作先锋角色的是带压开孔业务。战后，伊拉克两条南油北输的战略管道因战争受损，导致相关城市交通瘫痪、民生项目受制。伊拉克石油部决定在不停输的情况下，将替代战略管道与原战略管道工艺管网连通。这是42寸大口径带压开孔作业，招标发出后，西方技术公司不愿意承接，本地公司也在摇头。我们适时发出“中石油管道局可以进行带压封堵抢修”的信息后，收到了石油部部长的邀请，希望管道局进行快速抢修。施工于2012年11月3日开始，11月20日结束，仅用18天就完成了工期36天的任务，拿下了西方技术公司专家断言不能完成的工程。SCOP（伊拉克石油部下属负责能源设施规划及建设的国企公司）副总裁纳塔克先生专程来到施工现场观摩，激动地说：“我要给西方技术公司专家发邮件，告诉他，中国人已经完成了这项艰巨的任务！”

2012年8月15日，管道局与俄罗斯天然气工业公司签订了巴德拉油田外输管道EPC项目合同。9月17日，又收到马来西亚国家石油公司授标函，中标伊拉克格拉夫油田原油外输管道项目。在收获喜悦的同时，项目资源不足的问题凸显出来。为高效执行项目，按照“资源共享、突出重点、服从整体”的原则，项目部对管理、技术、操作3支人才队伍进行结构优化，建立了高效的沟通机制，利用项目运行规律，削峰填谷，充分发挥统一协调能力，形成工作联动机制，调动组织了包括管道设计院、物装公司、二公司、五公司、通信公司、龙慧公司、维抢修公司、检测公司以及投运公司等多家局内分包商的力量，管道局专业化总承包单位和完整管道建设全产业链的优势凸显。2014 年 7 月 15 日，伊拉克巴德拉、格拉夫原油外输管道两项工程顺利通过业主竣工验收。

管道局在一系列项目中的快速反应能力和精湛的专业技术，得到了伊拉克政府、石油部、SCOP 的高度认可，全局 10 多家单位先后挺进中东市场。同时，还与澳大利亚沃利帕森斯集团、意大利埃尼集团塞班、德国 ILF 等多家企业牵手合作，进一步增强了资源整合能力。

砥砺初心之志

骆驼忠贞不渝，擅长负重前行。在一个个“国之大者”的项目推进中，中东地区公司干部员工的忠诚担当屡屡彰显，镌刻成管道局海外发展历程中的永恒记忆。

2020 年以来，除了项目执行中的难，席卷全球的世纪疫情也让中东地区项目苦不堪言。航班反复熔断，哪怕赶上老人就医、孕妇生产、孩子求学，海外员工也根本无法回国，项目动迁举步维艰。

疫情笼罩的至暗时刻，一大批逆行者忠诚担当，不惧艰险，奔赴一线。坚守伊拉克、阿曼、沙特等项目长达 15 年的田永富，就是其中一员。2021 年，他来到阿曼拉斯玛卡兹原油储罐项目，由于疫情期间工期滞后，他一待就是 18 个月。一天晚上下班后，一名员工发现，田永富屋里的灯一直亮着，直到零点也没有熄灭。这名员工凌晨 5 点前往机场，路过他房门的时候，啪啪的键盘敲击声仍未间断，在静谧的营地显得格外清晰。

田永富只是中东项目优秀员工的一个缩影。十几年来，还涌现出了很多先进人物、杰出代表，他们中不乏沙海领航的项目经理、运筹帷幄的"商务大师"、火眼金睛的"安全专家"、促进交流的"友谊使者"……通过"传帮带"，这支团队培育出大量国际化人才，犹如"开枝散叶"般，充实到各大海外项目，为管道局国际业务的发展注入了强劲动力。

坚韧跋涉，终见绿洲。截至目前，管道局在中东地区承揽各类工程项目已超过 60 个、累计新签合同额近 70 亿美元。高峰时期，每年利润达到 5 亿元，利润占管道局 70% 以上，有力支撑了企业发展。

"坚毅不屈、吃苦耐劳、团结协作、忠诚担当"已成为中东人鲜明的文化标识，融化在每一个人的血液里，他们带着骆驼般的坚定和执着，为管道局重塑"两个半壁江山"，奋力踏上打造"战略市场、创新市场、规模市场、效益市场"新征程。

（执笔人：刘京晓　牛佳宁　王　朕）

文化铸魂 精质强基

——国际公司亚太区域市场“精·质”文化

在承载管道局“管之道”企业文化精髓、探究市场发展战略的基础上，国际公司亚太区域项目进一步梳理提炼自身的历史脉络和精神印记，逐渐形成具有特色的一种氛围、一种理念、一种追求，并总结凝练为“精·质”文化，有力推动了区域市场更高标准更高质量发展。

精炼特色文化，追求卓越之“质”

“精·质”文化内涵为“组织精健、市场精准、项目精品、管理精细、经营精益、人才精干”“更有品质、更富特质、更加优质、更显质效、更高质量、更具气质”。精准开拓市场，秉持高质量开发市场、开发高质量市场原则，为客户提供差异化、多元化、特质化的服务和解决方案。建设精品项目，恪守质量是企业生命理念，把每个项目都作为艺术品来打磨，持续建设精品工程、输出优质产品。突出精细管理，深度掌握全球资源，根据项目需求科学制定管理体系、制度、标准和流程建设标准规范，实现质效齐增。强化精益经营，树立“经营项目”理念，常态推进提质增效，精益把控收支两条线，合理匹配在建项目生产进度与回款进度，各类风险全面受控。打造精干队伍，大力培养国际化、属地化人才，形成一支拥有 278 名海外高级本土人才队伍，员工国际化指数达 80% 以上。

“精 · 质”文化引领，探究经营之道

市场开发前景广阔。以“共赢”为目标，与马来西亚石油、泰国石油、印尼石油等 60 多家知名企业建立良好合作关系，在泰国、缅甸等十多个国家承揽 60 余个项目，业务涵盖长输管道、常温低温储罐等领域，带动管道局全产业链进入亚太区域市场。项目质量有口皆碑。累计承建天然气、成品油、水等输送管道 4000 余公里，原油、成品油、烯烃等储运设施 110 余万立方米，获得数百项国家级和属地国奖励。管理精细屡获殊荣。围绕管理标准化和规范化目标，制定各项规章制度 113 个，总结创新成果 69 篇，逐步形成科学、高效的管理制度体系。经营风险全面管控。建立科学的经营绩效考核体系，持续开展基于价值链的成本分析活动，强化全过程风险管控，重视管理质量和效率，在新冠疫情冲击下，实现市场开发、项目管理逆势突围。

▼ 泰国四号线压气站工程全貌 获 LEED 金级认证

“精”耕细作，收获“质”的成果

亚太区域市场秉持“精 · 质”理念，不断取得丰硕成果。在组织成果方面，先后获得中国建设工程鲁班奖（境外工程）、国家优质工程金质奖（境外工程）、河北省工人先锋号、河北省国资委系统文明单位、集团公司海外油气合作先进集体、集团公司先进基层党组织等荣誉；在党建成果方面，形成“五指成拳”党建文化，创作 1 个“WUDI 党建情景剧”；在管理成果方面，确定了“四精四细”工作方针和“一体两翼两支撑”市场开发战略目标；在文化成果方面，形成“胞波”管道文化等基层文化，创作了 5 个文化讲述故事。

经过多年的发展和积淀，“精 · 质”文化已成为亚太区域市场国际业务的发展灵魂和动力源泉。进入新的发展阶段，广大参建员工将继续开展“精 · 质”文化传播，向世界讲好管道故事、传播管道好声音，促进不同国家、不同文化交流互鉴，在区域市场内不断提升管道局的文化影响力和文化认同感。

（执笔人：崔　冰　王　伟）

海上"红妆"

——管道设计院女子海工队文化

管道设计院女子海工队是一支年轻化、专业化、富于创新的团队，他们以海洋工程事业部7名女性设计人员为主体，同时引入2名海洋工程领域专家人才担任技术指导，平均年龄33岁，全部为硕士学历。

自2019年成立以来，这个团队在"勇挑重担、持续创新、严谨求实"女子海工队文化引领下，先后构建海洋管道及单点系泊领域知识体系、突破海洋工程核心设计技术、集中力量提升部门海洋工程方面数值模拟分析水平、建立海洋工程数字化平台，为管道设计院加速推进海洋工程数字化设计进程做出了重要贡献。

勇挑重担：忠诚履职、尽责担当

在成立之初，"从无到有"是女子海工队面临的最大难题和挑战。为高质量完成一系列科研任务，她们以"千磨万击还坚韧，任尔东南西北风"的韧劲精神，攻关陆海定向钻和海对海定向钻技术，完成陆海定向钻项目8项，创造多项国内纪录，以国内领先的技术水平成功叩开中国海油市场。数年磨砺、弯道超车，在工作之余，团队成员秉承"一人专家，全员掌握"的工作理念，采取"请进来"和"走出去"的模式，持续充电、注重实践、尽责担当，逐渐成长为科研工作"多面手"，这支海上"红妆"女子攻坚团队就此向阳而生。

▲ 女子海工队的队员们自信而美丽的笑容

持续创新：追求突破、勇于超越

“惟创新者进，惟创新者强，惟创新者胜。”女子海工队深知只有加强技术创新，才能描绘出海洋业务的美好蓝图。她们根据有限元数值模拟数据，提出一套深海管道屈曲和止屈问题的分析技术，为东营项目节约投资 5000 万元；创新性提出的新型海洋管道登陆方式在舟山 LNG 接收站海洋管道项目应用，解决了海洋管道穿越红线问题，创造了国内管径 1016 毫米距离最长 1540 米的施工纪录；参与单点系泊相关课题研究，突破了系泊分析和浮筒结构设计技术，填补了集团公司单点系泊设计空白。在“创新”理念的引领下，她们还圆满完成尼日尔—贝宁单点系泊和印尼拉维拉维单点系泊等项目，展现了朝气蓬勃、昂扬向上的创新团队风采。

严谨求实：严细认真、脚踏实地

随着海洋资源开发利用的进一步深入，涉海涉船业务发展潜力巨大。业务发展需要技术支撑，女子海工队瞄准这一市场新机遇，勇拓业务新领域。参与管道局级课题《浮式储存再气化装置（FSRU）关键技术研究》，实现浮式储运装置自主创新设计成果的原理性认证；完成东营港25万吨级原油进口泊位及配套工程可行性研究，实现了管道局海上导管架平台设计项目零的突破；搭建海洋管道三维数字化设计平台，实现海洋管道三维路由选线和自动绘图等功能，打破国外垄断，大幅提高海洋管道数字化设计水平。

几年间，记录“女子海工队”事迹的专题片相继在管道局、中油工程、“国资小新”“央视频”等媒体平台播放，积极向上、实干担当的巾帼标兵团队形象广为流传。

（执笔人：孙　翔　李　想）

“焊”卫管道荣耀

——研究院施工装备与非开挖技术中心“自动焊”文化

自20世纪90年代初第一代PAW系列首次亮相，到2020年第三代CPP900系列荣耀问世，自动焊装备研发走过近三十年，实现了核心技术自有化、关键装备国产化、作业方式机械化，在长输管道建设领域奏响了“中国创造”最强音。惟初心以明志，惟匠心以致远，几代管道科研人接续奋斗，秉承“精益求精、追求卓越”的理念，凝练出“创新、匠心、核心、传承、敬业、卓越”的“自动焊”文化。

创新：开拓进取，勇于创新

成立自动焊技术攻关小组，研制我国首套1422毫米大口径长输管道自动焊装备，为中俄东线建设提供了有力保障；自主研发第三代CPP900管道自动焊全数字控制系统，解决了核心元件“卡脖子”难题；开展高原低温环境小口径自动焊装备及配套工艺研究，保障了QZ项目安全有序推进；研制适用于弯管的柔性内焊机和柔性内对口器，提高了山区段全自动焊施工能力。

匠心：源于匠心，终于品质

质量是企业发展的根本，研发团队本着严谨扎实的工作作风，从设计研发、生产制造、技术服务等方面进行全方位质量管控，同时结合施工现场实际情况，不断提升装备的可靠性和稳定性。

▲ CPP900 自动焊漠河低温试验

正是这种对于产品精雕细琢、精益求精的理念，树立了 CPP900 自动焊装备“质量信得过”的品牌形象，有效提升了产品口碑。

核心：自主研发，攻克核心

以用户需求为导向，以迭代创新为动力，坚持“应用一代、研发一代、储备一代”，加速构建“研－产－用”的发展新格局，紧跟技术“痛点”，聚焦技术“卡点”，解决技术“瓶颈”，依托工程现场应用，逐步完善 CPP900 自动焊装备，系列化成套自动焊技术愈发成熟。

传承：赓续传承，踔厉奋发

坚持以求真务实的工作态度、奋发有为的工作状态，努力营造良好创新创造环境，全力推进各项设计研发工作。同时结合“师带徒”活动，充分发挥技术骨干的“传帮带”作用，和谐互助、共同进步，加速青年员工成长成才，打造能力过硬、锐意进取的科研创新团队。

敬业：责任为先，爱岗敬业

与工程项目深度融合，认真听取各方意见，为工程建设提供了强有力的技术保障。在4000多米海拔高原驻守200余天，在零下40摄氏度的冻土地带连续奋战，在山区段自动化焊现场翻山越岭……近年来，中心技术服务保障团队以专业的技术能力和吃苦耐劳的工作作风，得到参建各方一致好评。

卓越：追求卓越，臻于至善

为不断丰富自动焊文化内涵，党支部着力打造“焊卫融耀”党建品牌，持续推动科技创新，保障能源通道建设，捍卫管道局在引领管道施工技术领域的荣耀。与此同时，积极参加管道国际大会和国家管网展会，发布科研成果，扩大业内知名度；推动CPP900自动焊装备通过欧盟CE认证，提升市场准入能力；开拓多个内外部市场，3年来创造产值4亿余元。

自动焊文化是一种情怀、一种执着，更是一份坚守、一份责任。进入“二十大时间”，研究院施工装备与非开挖技术中心全体员工将继续勇攀科技高峰，聚焦关键核心技术，加快数字化转型和智能化发展，实现自动焊技术装备不断更新迭代，持续引领行业技术进步。

（执笔人：闫　洁　闫振宇）

站排头　争第一

——二公司杨庆机组文化

在管道二公司，有一个赫赫有名的机组——杨庆机组，它是集团公司首个以个人命名的机组，也是一个荣获全国青年文明号“十年成就奖”的机组。是什么力量让这个机组在20年前取得这样的成就？

查找短板、锚定方向

2002年初，杨庆带领二公司第一分公司第五机组赴西气东输豫皖段施工。当时的机组员工整体技术水平不高，施工能力不强。看着机组现状，军人出身的杨庆决定借鉴军队的管理模式，以准军事化管理塑造过硬素质和优良作风，将机组打造成一支朝气蓬勃、昂扬向上的青年突击队。

要增强机组整体实力，就要提高所有成员的素质和团队凝聚力。在借鉴军队建设管理的基础上，机组以“树立机组形象、规范管理基础、凝聚团队力量、创造品牌价值”为切入点，开展队列整训、内务标准、制度规范、文化建设等管理提升工作，以“敢为人先创一流，西气东输我为峰”的豪言在豫皖段顽强拼搏，创造了月焊接1130道焊口无返修、焊接一次合格率99.8%的优异成绩。经过一段时间磨合，机组形成了“规范、关爱、敢为人先”的文化理念和“一个目标、一面战旗、一句口号、一身工装、一块胸卡、一面镜子”文明工程形象标准。自此，机组员工高质量

▲ 杨庆机组在获青年文明号十年成就奖后合影

完成一项又一项施工任务，塑造了“政治合格、管理有方、技术过硬、战无不胜”的团队形象。

重在执行、贵在坚持

多年来，杨庆机组立足机组文化建设和管理工作，不断深化准军事化管理工作，各项管理制度日趋完善，队伍实力和人员素质在二公司首屈一指。

他们以制度约束、氛围影响、先进带动为抓手，着力提高员工整体素质。严格执行准军事化管理制度，坚持每日队列训练、内务检查、班前安全提醒等常规管理；定期评选内务之星、安全之星、质量之星，让员工赶有方向、超有目标。通过一系列有力措施，机组规范整洁的宿舍环境、整齐划一的形象标准、令行禁止的执行力得到各方认可，创出了“职业道德好、业务技术精、执行能力强、拉得出、打得赢"的机组品牌。

传承创新、逐梦前行

随着标准化机组建设的推行，机组规范管理、文明施工、目视化管理、营地建设等基础工作更加扎实。历经 20 载春秋，机组长变更 8 人，组员也随着公司调整、企业改革不断变化，唯独准军事化管理模式和机组文化始终不变。

在杨庆机组有这样一个传统，新员工入职的第一件事就是学习机组文化，经过一段时间的积淀，他们将拥有一种特质，那就是准军事化管理带来的超强执行力。从这里走出的人就像镀了金一样，不管他们到了哪个部门、换了哪个岗位，都能带动周围的人，向着共同的目标携手并进。

"一个杨庆机组要成为十个、百个……杨庆机组。"他们聚在一起就是一面战旗，在每一个工程难点迎风招展，是每一个工程项目的标杆榜样。走出去便化作盏盏明灯，照亮所在的集体前行之路。这便是杨庆机组"站排头、争第一"的精神写照。

（执笔人：王春梅　刘　鑫）

战旗烈烈 续写荣光

——二公司第三分公司“战旗”文化

“战旗”文化最早萌芽于“八三”会战时期，主要体现在二公司这支传承着革命血脉的施工队伍有着铁一般信仰、铁一般信念、铁一般纪律、铁一般担当，是革命传统和管道文化的多元融合。

在传承发展过程中，二公司第三分公司不断深挖基层文化内涵，总结凝练了“攻坚克难、敢为人先的精神品质，自力更生、自强不息的战斗作风，团结协作、令行禁止的行动准则，精益求精、创先争优的目标追求”的“战旗”文化，并进一步丰富文化理念体系，形成以“建设精品工程、创造经营效益、实现员工价值”为价值追求，以“有大局思想、当管道尖兵、抓精细管理、创行业美誉”为管理理念，以“安全是幸福、安全是关爱、安全是效率”为安全理念，以“想事多一点、做事细一点、管事严一点”为管理准则，以“想得清楚、干得明白、省下的就是赚到的”为成本观念，以“把问题留给自己、把方便留给别人”为处事原则的理念体系。

在随后的时间里，第三分公司持续强化机组建设，不断巩固良好经验做法，引入创新理念。2021 年，CPP216 机组（原 CPP220 机组）顺利通过集团公司和管道局 HSE 标准化验收，成为管道局唯一一家、集团公司首批 HSE 标准化建设示范站队，受到各方好评。因在高原施工中的卓越贡献，CPP217 获得“全

▲ 每个党员都是一面旗帜

国工人先锋号”荣誉称号，被树为二公司机组建设的标杆和旗帜。“以党性原则立心、以红队精神立骨、以规范标准立形、以管道报国立业”的机组“四立”原则等机组管理理念也随之固化。

通过“战旗”文化的不断引领，机组员工建立起创先争优、敢于亮剑的积极态度，做到以旗为令、行动统一、步伐一致。特别是近几年，第三分公司各施工机组在工程建设中攻坚克难，创造了多项佳绩。在尼日利亚 AKK 项目和沙特拉斯坦努拉项目，CPP206 机组和 CPP210 机组勇敢面对疫情和反恐压力，克服生理和心理带来的双重压力，连续作战近两年，始终保持高效施工，确保项目顺利推进；CPP216 机组在京石邯项目创造了全线焊接总工程量、单日焊接口数、焊接合格率最高的“三高”纪录，在西三线中段创造单日焊接 32 道口的最高纪录，焊接总量全线领先；CPP217 机组在 QZ 项目连续作战两年，向生命禁区发出极限挑战……

在新时期管道建设进程中，第三分公司全体干部员工精诚团结、执行有力，以强大的文化引领力打造出发展新高地，在各大工程建设中均做出了重要贡献。

（执笔人：黄东旭 蒲 涛）

绽放的戈壁玫瑰

——三公司女子焊工班"五个特别"文化

三公司女子焊工班，组建于 2003 年 2 月，在经过 100 天的集中培训后，参加了举世瞩目的西气东输工程建设。当时全班共有女工 15 名，平均年龄 28 岁。就是这样一群花样年华的女子，在广袤荒凉的戈壁滩上，练就了铮铮铁骨，创造了非凡成绩，以实际行动铸造了"特别能拼搏、特别能吃苦、特别能团结、特别能创新、特别能奉献"的团队文化。

▼ 巾帼不让须眉的三八女子焊工班获"全国五一巾帼奖"

特别能拼搏

作为西气东输全线唯一的女子焊接机组，女子焊工班以巾帼不让须眉的气势，与男焊工一样摸爬滚打，经历了百里风区的肆虐、毒辣烈日的暴晒和大雪茫茫的严寒。在5个月的紧张施工中，她们完成管道焊接26.2公里、2233道口，RT射线检测一次合格率99.7%，居全线42个焊接机组之首，赢得各级领导和媒体的赞誉，中央电视台还作了专题报道，中国词曲作家采风团赞扬她们是“戈壁玫瑰”。

特别能吃苦

投身管道建设，就是选择了吃苦。在西部管道人称“世界风库”的百里风区，沙尘遮天蔽日，大衣、焊工帽、手套等满天飞。尤其是在夏季，千里戈壁热浪滚滚，工地温度高达57摄氏度。女子焊工班不但要穿工服、戴焊帽，还必须穿防护皮衣、皮靴。背受烈日晒，面对电弧烤，焊花飞溅到脖子里、手背上，烫起一个个血泡，留下一个个疤痕。在如此艰难困苦中，她们却乐观地在左皮靴上画了一个太阳，在右皮靴上画了一个月亮，以表示每天迎着太阳出工，踏着月光回驻地。

特别能团结

战胜困难的力量来源于团结，女子焊工班全体成员就像亲姐妹一样。技术上，见先进就学，遇落后就帮，携手共进；工作中，大家争先恐后，抢着干累活脏活；生活上，互相关心照顾，见谁有困难或思想波动，姐妹们便慷慨相助或屈膝关心，排忧解难；在艰难险阻面前，全班人齐心协力、披荆斩棘。

特别能创新

女子焊工班勤于动脑、勇于创新，不断解决各类施工难题。针对大风制约焊接进度和质量的问题，她们研制了适用的防风棚，把影响降到最低。清除管内各种杂质是一道烦琐又费时的工序，她们制作双层转动式清管器，提高了工效，减轻了劳动强度。因为手劲小，不能像男焊工那样一手握焊把、一手拿焊帽施焊，她们便集思广益，在焊帽里装一个铁环，用嘴叼着焊帽，双手握焊把施焊，既提高了焊接的平稳度和质量，又加快了施工进度。

特别能奉献

女焊工长期上线，付出的比男同胞更多。有的人告别年迈的父母和年幼的孩子，奔赴前线；有的人新婚还不到一个月，就赶到一线、拿起焊把；遇到父母患重病，作为女儿理应留下尽孝，可她们身肩参建国家重点工程的担子，抹着心酸的眼泪毅然踏上了征程……

在"五个特别"文化的激励指引下，女子焊工班的足迹广布祖国大江南北，西部管道、兰郑长管道、大连罐前工艺、舟山项目等众多重点工程都留下了她们的印记。她们的故事被中央电视台、《石油管道报》等媒体报道，优秀的精神得以广泛传播。

（执笔人：丁　宁　李敬梅）

培育诗文化　助力穿越梦

——四公司定向钻第五分公司诗文化

闹铃响，忙起床，惊醒睡梦香。
洗漱吃饭多匆忙，班车出发天微亮。
江南美景无暇看，车窗掠过菜花黄。
大步蹚开泥泞路，无意湖畔柳丝长。

这首生动记录早起情景的《闹铃响，起床忙》，是管道四公司定向钻第五分公司泥浆班班长王广惠在工作闲暇之时所作的众多诗词之一，作品一经推出，就得到同事们的口口相传和交口称赞。

“在第五分公司，作诗是一件很潮的事，边吟诗作对、边钻孔掏浆更是我们团队独有的浪漫风采。”定向钻第五分公司经理兼党支部书记霍学庆自豪地说。

定向钻第五分公司集体作诗的爱好始于2016年末的中航油福建鹤上穿越应急抢险项目。临危受命、不负重托，刚刚组建成立的定向钻新军首战告捷，将业主方期望的25天工期缩短了7天，圆满完成各项施工任务。在庆功宴上，一名员工即兴赋诗一首，以表达功成之喜，尽管只是一首打油诗，却胜在写得真实、感人、充满正能量，成功引燃了宴会的高潮。经此一事，分公司瞬间掀起了作诗的热潮，短短半年间，十余名员工接连发表数十首诗词，古体诗、近体诗、现代诗、格律词……一时间，大家伙用诗词抒发情感，用诗词歌颂战绩，用诗词记录学习感悟。

在定向钻第五分公司的员工们看来，诗是一种情感，一种发自内心的悸动，特别是身处困境、遇到难关时，它总能以最为真挚的精神力量鼓励着每一个人。2017 年，在吴昆管道 14 条定向钻穿越过程中，面对较高的施工难度，参建团队经受了工期和效益带来的双重考验。为了提振士气，项目部领导班子纷纷借诗励志、以诗展望未来，有效激发了参建员工的决心和斗志，在分公司引起了强烈反响。

▼ 分公司制作的诗词墙画

为了在更大范围、更高层次上推广诗文化，定向钻第五分公司成立诗词协会，尝试把诗文化纳入奖励机制，对在攻坚时期通过诗词激励大家的或是有利于团队文化建设的一并进行奖励，进一步激发了全体员工作诗的热情。

自此以后，每当管道回拖成功时、每当一项新工程开始时、每一次攻坚克难时，员工们的新作品都会纷至沓来，引来无数的点赞和调侃，大家逐渐习惯于从诗词中学习知识、激发热情、对标先进、凝聚合力。这一源于自发的诗文化已深深扎根于基层，营造了团结鼓劲向上的良好环境，成为了定向钻第五分公司独具特色的文化载体。

在这里，诗已成为一种员工互动的方式。

有了诗，就有了记录日常点点滴滴的工具。每当一首诗发到微信群里，诗的措辞如何，是否对仗，饭桌旁、班车上、床头边，大家你一言、我一语，总能讨论得不亦乐乎。《浪淘沙 · 灯塔》就是员工们在乘船上工之时有感而发的作品。

在这里，诗已成为一种激励团队的方式。

一个团队的战斗力来自积极向上的文化氛围，以诗为载体，弘扬先进，树立模范，不失为一种有效的方式。对于在定向钻施工中涌现出的先进人物、典型事迹，大家都会自发地通过打油诗记录下来。就像《鹤上山》《泥浆赋》，道出了定向钻穿越现场 18 个昼夜连续奋战的艰辛与成功回拖的喜悦。

在这里，诗已成为一种传播知识的方式。

随着作品的不断丰富，员工们也在逐渐扩大诗词题材的选择范围。比如“诗 + 安全”模式，就是把安全施工的知识融入诗词，通过这种寓教于乐的形式传播安全知识。

在定向钻第五分公司，诗词就是一个个真实的故事，一个个活灵活现的管道人，一组组长镜头下的工作场面，甚至于就是钻机轰鸣的嗡嗡声、员工爽朗的欢笑声和泥泞不堪的脚步声。字里行间饱含着管道人昂扬向上、开拓进取的优良品质，令人为之动容。虽然写作水平参差不齐，但是员工们朴实而真挚的情感值得记录与分享。

多年以来，在诗文化的引领下，定向钻第五分公司以吴昆、闽粤、湘江、粤北、江苏沿海等项目为落脚点，累计完成近 80 条定向钻施工，创造了吴昆 35 穿 35 捷，闽粤七战全胜，北江、湘江攻克全线最难点、创新工艺工法 6 项等优异成绩，实现了优于预期的市场效益、品牌效益和经济效益，已成为一支管道局非开挖领域的优秀队伍。

（执笔人：张　强　吴红克）

撒哈拉沙漠盛开石油花

——大港油建公司尼日尔区域市场文化

在“八三”精神的引领下，大港油建公司立足长远谋发展，积极投身国际市场，参与“一带一路”建设，在非洲中西部地区从无到有、做大做强，闯出一片天地。

在扎根尼日尔的十余年间，大港油建人在“八三”精神的引领下，在日复一日的奋斗中酝酿出特色基层文化——“携手创业、拼搏进取、高效精细、忠诚担当”。

▼ 沙尘暴是尼日尔工程的“常客”

“携手创业”代表大港油建人白手起家，以中西非沙漠为中心一路同甘共苦逐步发展的历程，既讲“创业”之艰辛，也强调“携手”之团结。在市场起步阶段，面对陌生的国家，一望无际的荒漠，商务团队、营建团队都要与环境对抗，与自己较量，正如“八三”会战时的前辈们一样，“暑蒸红衣汗浸透”，好在团队作战能够给人力量，团结协力，并肩完成筚路蓝缕的创业之旅。

“拼搏进取”代表大港油建人不惧困难、勇于挑战，是团队成员砥砺前行的缩影。在项目建设初期，营地虽然有了，但艰苦环境却不是一朝一夕能够改善的。当时大家之所以能心往一处想、劲儿往一处使，你追我赶地进行项目建设，靠的就是一股子拼搏进取的劲儿。沙漠的高温，让焊接老师傅的胳膊上多处烫伤，让抢活干的小伙子脱水中暑，但是没有人抱怨，他们只是扯着袖口擦把汗，埋头继续干。就这样，阿加德姆油田历时 22 个月就实现了机械完工；尼日尔二期一体化项目建设期间，各项目组你追我赶、不断突破；Gololo 早投项目组首战告捷，顺利实现 12 口井全部投产；Dibeilla 项目部迎战风沙，以少量的人员投入建成沙漠“最美营地”；站间管道项目组进行一条全长 1.8 公里的管道施工时创下焊接合格率 100% 的壮举；海上终端工程 24 小时连续施工抢占窗口期，将 CPP601 铺管船单日海管焊接纪录刷新至 1.353 公里……每一次前行、每一次突破，靠得都是这股子拼搏进取的劲儿。

“高效精细”代表大港油建人在各项工作中努力达到进展快速、质量可靠，对过程管控精益求精。这样对自我的高标准严要求，使团队实力全面提升、厚积薄发，公司在尼业务逐步形成了以工程建设为主，运行维护、采办服务、技术服务齐头并进的沙漠施工业务群，取得了一系列成果：连续多年收到业主感谢信，并屡获业主方颁发的安保管理先进单位、中国石油驻尼日尔 HSSE 管理先进单位等，获得业主持续认可；QC 成果丰富，连续多年获天津质量协会奖项，多次获得石油工程建设协会奖项；公司项目团队、党支部、机组、个人也屡屡在局级以上年度表彰中榜上有名。此外，在项目管理、安全环保等方面也屡有斩获。

“忠实担当”代表大港油建人竭诚奉献、甘守寂寞，全心全意为企业着想的责任意识和职业素养，这是一种责任，更是一种担当。2009 年到 2020 年，作为集团公司唯一在尼日尔坚守至今的油田地面工程建设商，公司在尼日尔积累了绝对的人才团队、资源积累、低成本开发和政府“通关”优势，并依托现有市场进行滚动开发，逐步扩大海外市场规模，掌握了对尼日尔所有新开项目的承揽优先权。

如今，大港油建公司以联合体形式承揽的尼日尔二期一体化项目正在如火如荼地建设当中，这是集团公司“十四五”期间海外投资最大的重点工程，项目建成后将有效带动尼日尔经济发展，促进当地就业和改善民生，助力中尼两国外交及经贸关系迈上新台阶，成为中非油气合作的重要里程碑。

（执笔人：周　游）

以文化人　以情感人

——大港油建公司西南分公司“西南雄师”文化

自 2017 年进入西南市场，大港油建公司西南分公司一路摸爬滚打，实现了区域市场从无到有、从小到大的滚动式开发和跨越式发展，牢牢站稳了西南油气田长输管道和内部集输两大市场。6 年来，分公司在全面总结各项工作成果的过程中，基于自身特点凝练出个性鲜明的“西南雄师”文化——拓新、敬业、奉献、坚毅、卓越。

拓新：开疆拓土，创新进取

在西南油气田市场，分公司以“勇争第一、永不言败、争创一流”的“亮剑”精神，得到众多业主的高度认可和充分信赖，拓展了更多、更大、更广阔的市场发展空间。

从承揽中国石油西南油气田公司第一项工程，到如今承接该公司以“五矿一处一司”为主的 8 家单位 20 多个项目，分公司累计建设直径 406 至 1219 毫米的天然气长输管线 165.79 公里（包含 3 条山体隧道、2 条定向钻穿越），集输气管线（高含硫）39.46 公里，新改扩建站场 7 座、阀室 12 座、井场 14 座，逐步形成了有体量、有规模、可持续的市场态势。

敬业：恪尽职守，兢兢业业

分公司取得的成绩，离不开全体员工的敬业精神，特别是在

▲ 圆满完成国内最大跨度悬索跨越桥管道安装

遇有险情和项目攻坚期，广大干部员工传承发扬“八三”精神，秉承“不怕苦、不怕累、勇于担当、敢于战斗”的工作作风，坚守岗位，履职尽责，坚定不移完成每一项目标任务，坚决打赢每一次攻坚战，“鏖战黑夜”“拼命三郎”“争分夺秒”已然成为一线员工的座右铭。

奉献：默默无闻，无私奉献

目前分公司自有人员在川渝地区共计 69 人，全员上线率达 93.2%。2021 年一线员工平均野外出勤 296.4 天，党员平均驻外天数超过 308.4 天，全体干部员工放弃与家人团聚的时光，毅然坚持奋战在施工生产最前沿，舍小家为大家，大写责任、忠诚与担当，用实际行动深刻诠释了“八三”精神的时代内涵。

坚毅：坚韧不拔，锲而不舍

随着西南油气田的快速发展，市场竞争日趋激烈，国内多家施工单位来势汹汹，分公司用坚韧不拔的毅力、锲而不舍的精神闯出了一条新出路、干出了一片新天地。2021 年 6 月，在威乐管道定向钻回拖应急抢险过程中，分公司凭借坚定的信念和顽强的毅力，创新采用“夯管 + 滑轮组 + 抱管机”的施工方式，开创了西南油气田大口径管道应急抢险成功先例。

卓越：精益求精，追求卓越

面对新机遇、新挑战，分公司勇于创新，实现了多项技术突破，完成国内最大跨度勐岗河悬索跨越管道安装（楚攀管道），成功实施西南油气田最长岷江定向钻穿越（成眉支线），首次将机械化玻璃钢防腐专利技术引入回拖管线外防腐（威乐管道），在西南油气田建设的第一条大口径管道中首次引入山地自动焊（威泸管道），在中国石油首个自主开发的高含硫气田集气管线中首次应用向下焊自动焊（铁山坡集气干线）……

在刷新一项又一项施工纪录的同时，西南分公司还将“西南雄师”文化持续升华、广泛传播，激励广大员工干事创业的精气神，增强年轻干部和优秀骨干担当作为的内动力，为分公司高质量发展提供源源不断的驱动力。

（执笔人：支洪彬）

北斗时空　星耀未来

——通信公司卫星通信事业部“星”文化

38 年来，一代代石油卫星人践行铁人精神、传承“八三”精神，以“立足石油、为油服务”为目标，从零起步，深耕陆地，鏖战海洋，翼翔天空，铸就了以“忠爱事业、至诚至信、为实为新、践行使命”为主要内涵的“星”文化。

忠爱事业，践行使命，开启逐“星”之旅

忠爱事业、践行使命是管道卫星人创业开拓、奋楫笃行的不竭动力，是孕育“星”文化的原始根基。

卫星通信事业部前身为石油工业部通信公司，1984 年，为加强各油田的沟通联络，彻底改变我国石油工业偏远地区通信“耳不聪目不明”的落后状态，石油工业部决定在河北固安建设覆盖全国的卫星“指挥大脑”，打通与各油田之间生产调度的“通信命脉”。祖国的召唤就是我们事业的起点与支点，一时间，从全国各大油田抽调的精兵强将齐聚在永定河畔。1985 年初的固安远郊，荒芜人烟，寒风凛冽。就是在这被当地人称作“鸟见鸟飞”的不毛之地，石油卫星人破冰前行，搭建起了直通“星际”的“天网”。从这一刻起，共和国的石油工业终于有了属于自己的“卫星专网”，大庆、辽河、胜利、克拉玛依、玉门，石油人的沟通之桥飞架南北，天堑变通途。

▲ 海上平台

至诚至信，励精图治，让梦“星”稳致远

“星”文化涵养了至诚至信、锲而不舍的理念，为客户提供价值、为员工实现价值、为社会创造价值是“星”文化崇尚诚信为本的核心内涵。

管道卫星人历时 11 天，克服塌方、泥石流频发险情，翻越 4800 米的嘎隆拉雪山，将卫星小站安装到全国唯一不通公路的西藏墨脱，为东方物探拨出了入藏半年以来与外界联络的第一通卫星电话；征服世界最为严苛的挪威船级社，为“流动的国土”蓝鲸 1 号设计“双备份无缝切换卫星链路”，助力国家海域“可燃冰”开采创造世界纪录；建造海警船载卫星指挥系统，为守护南海疆土挥就了“深蓝卫士”的画卷，赢得“可信赖的国家骨干力量”荣誉称号；在 15 个国家为中国企业提供便捷、安全、高效的国际卫星通信服务，在苏丹建成中国石油第一套海外卫星通信系统，一道道沟通四海的“彩虹”，让中国石油卫星通信系统成功覆盖亚、非、欧、大洋洲等地区。

为实为新，敢于求变，一起“星”耀未来

“星”文化具有与时俱进、务实创新的基因，管道卫星人善于钻研新技术、敢于开拓新领域、勇于承担新任务，铸就了“星”文化之魂。

2018 年初冬，管道卫星人勇闯黑龙江森林防火领域，在天寒地冻的深山老林开展关键技术攻关，啃下“空中机载”卫星系统这块硬骨头，圆满完成多架运 12 飞机卫星保障任务，补齐了覆盖“海陆空”全领域的最后一块拼图；“十年磨得宝剑锋”，在追逐北斗时空高端技术的道路上历经十载坎坷，建设了油气行业唯一一个覆盖全国的北斗高精度网，组建了北斗授时网，打造了北斗时空数据仓库，实现“通导遥”全卫星技术领域的成功跨越，为实为新、敢于求变的精神让“北斗时空、星耀未来”的发展蓝图更加闪亮。

（执笔人：李　超　赵春燕）

川军精神激励奋进
——抢险中心川渝分中心"维抢川军"文化

抗日战争时期，350 万川军不畏强暴、血御外侮，为中华民族统一历尽艰辛，形成了"信念坚定、团结奋进、无私奉献、顽强拼搏"的川军精神。抢险中心川渝分中心将川军精神与"八三"精神相结合，总结提炼出了"艰苦奋斗、团结协作、开拓创新、顽强拼搏"的"维抢川军"文化。

▼ 山区无法行车，工人将设备抬上现场

5 年来，川渝分中心由 7 人逐渐壮大至 16 人，主营业务收入突破 1.6 亿元，年均新签合同 25 项，保驾客户达 18 家，油气管道保驾里程超 2600 公里；承办四川省危化应急座谈会，参与“应急使命·2021”演习，先后被四川省应急管理厅和成都市应急管理局授予“四川省危化品救援专业队”和“成都应急管道救援队”，填补了四川省高压油气管道应急抢修的空白。

壮士出川，艰苦奋斗

面对西南山区道路蜿蜒、山势陡峭、地质灾害多发、极端天气频发、昼夜温差大、设备进场困难等难题，川渝分中心化整为零，配备轻便设备，克服云贵高原凝冻天气，破冰而行，完成陡峭山崖上的管道变形抢修。疫情封控期间逆流而行，完成重庆某油品管线泄漏抢险，在年均 6 次的山区油气管道带压抢险历练中，“维抢川军”品牌效应日渐凸显。

壮士出川，团结协作

川渝分中心贯彻“党建服务中心”思想，通过与施工区域内的作业处项目部开展联合党建活动，达成“市场为工程奠基、工程为市场摇旗”的共识，理顺市场与生产相辅相成的关系。与客户联合开展党建活动，达到推广团队品牌、增进互访互信、获取项目信息、融洽合作关系、推动市场工作的目的，建立了“党团联建进工地、合作共赢促发展”的交流机制。

壮士出川，开拓创新

川渝分中心倡导“家”文化，通过团建活动、全员岗位述职活动，扩大“谈心谈话”“批评与自我批评”范围，深入了解“家人”的思想动态，设置好人好事专栏，记录“家人”间的温暖瞬间。川渝分中心打造学习型团队，掀起了关键岗位人员考取国家职业资格证书的热潮，设立“创新工作室”，推动“五小”革新，研发了橡胶磁、电磁铁、双层注胶B型套筒等轻质堵漏卡具、逆向应用补板式抢修卡具，在动火连头中创新使用三通，取代开孔下囊隔离工艺，丰富了抢修手段。

壮士出川，顽强拼搏

为做实油气管道抢险保驾工作，川渝分中心根据保驾客户需求，列出“服务菜单”，推出“服务套餐”，拓宽保驾服务内容，创新“事前预防、事中把控、事后救援”的保驾服务模式，用“敢为人先”的胆识、“经世致用”的智慧，为客户提供优质的个性化方案。

（执笔人：潘 蛟）

“青”字号品牌助推人才强企
——投运公司华北分公司山西项目部“青铁”文化

自2014年成立以来，投运公司华北分公司山西项目部坚持以人为本，注重用企业文化精神统一员工思想，规范员工行为。为充分调动青年的积极性、主动性和创造性，引领青年在企业生产建设中发挥生力军作用，山西项目部紧密结合当代青年的思想观念和企业实际，教育引导青年员工传承发扬“八三”精神，增强对企业的认同感、归属感和荣誉感，争做新时代最美奋斗者。

通过不断实践探索，山西项目部总结形成了以“自觉自律，执行高效的铁的纪律；敢打敢冲，永不言败的铁的作风；勇于挑战，攻坚克难，百折不挠的铁的意志；服从国家需要，紧随市场变化，永远走在行业前列的铁的素质”为内涵的“青铁”文化。

执行高效的铁的纪律

山西项目部编制9条保命规则，强化红线禁令等纪律执行，持续深化军事化管理标准落实，青年员工执行力明显提高、精神风貌焕然一新，项目部站场年度遵章守纪率100%，各项生产任务完成100%，三违事件为零，安全生产事故为零。

永不言败的铁的作风

“知屋漏者在宇下，知政失者在草野。”山西项目部青年干部和技术骨干积极开展提质增效价值创造行动，利用新技术、新成

▲ 互动式培训

果提高工作效率，降低施工成本，创造经济效益。一次次攻坚克难，一次次科技创效，充分展现了青年员工勇敢拼搏永不言败的铁军作风。两年来，共完成技术革新成果 14 项、五小成果 5 项、管理论文 5 篇。

百折不挠的铁的意志

山西项目部青年干部员工敢于直面困难，深入一线、靠前指挥，以快刀斩乱麻的决心处理问题、克服困难，铸就了铁一般的坚强意志。在多年的运营工作中，他们克服吕梁地区社会依托差，饮用水、生活用水需要从山下拉运等生活条件艰苦的问题，始终以高度的责任感、使命感和专业的技术水平，坚持为业主提供优质服务，解决实际问题，克服重重难关，得到各方高度肯定。

永远走在行业前列的铁的素质

通过青年人才建设的大力实施，山西项目形成了只争朝夕、事争一流的良好氛围，青年员工在友好比拼的过程中不断获取前进动力，努力走在发展大潮的前列，以铁的素质对标赶超、积极进取，以务实的工作作风和百折不挠的精神，开创各项工作新局面。多年来，山西项目部已成为投运公司重要的人才输出基地，大批管理人才和技能骨干为公司天然气站场管理和技术提升起到了积极作用。

青年员工是企业的未来和希望，肩负着企业改革和发展的艰巨重任，青年员工的思想有多成熟，企业运行就有多稳健，青年员工的抱负有多远大，企业蓝图就有多美丽。

（执笔人：张志鸿 赵 涛）